Weingärtner   Vermeidbare Fehler im Notariat
4. Auflage

D1721174

Vermeidbare Fehler im Notariat

*Hinweise zur Geschäftsführung mit
Leitfaden zum Verwahrungsgeschäft*

*Erfahrungen aus Geschäftsprüfungen für
Notare, ihre Mitarbeiter und Notarprüfer*

Von Dr. Helmut Weingärtner
Vorsitzender Richter am Landgericht Dortmund

4., überarbeitete Auflage

Carl Heymanns Verlag · Berlin · Bonn · München

Die Deutsche Bibliothek – CIP-Einheitsaufnahme

Weingärtner, Helmut:
Vermeidbare Fehler im Notariat : Hinweise zur Geschäftsführung mit Leitfaden zum
Verwahrungsgeschäft ; Erfahrungen aus Geschäftsprüfungen für Notare, ihre Mitarbeiter
und Notarprüfer / von Helmut Weingärtner. – 4., überarb. Aufl. – Köln; Berlin; Bonn;
München : Heymanns, 1995
ISBN 3-452-23153-4

Das Werk ist urheberrechtlich geschützt. Die dadurch begründeten Rechte, insbesondere
die der Übersetzung, des Nachdruckes, der Entnahme von Abbildungen, der Funksen-
dung, der Wiedergabe auf photomechanischem oder ähnlichem Wege und der
Speicherung in Datenverarbeitungsanlagen, bleiben vorbehalten.

© Carl Heymanns Verlag KG · Köln · Berlin · Bonn · München 1995

ISBN 3-452-23153-4

Druck und Bindung: Gallus Druckerei KG Berlin

Gedruckt auf chlor- und säurefreiem Papier

Vorwort zur 4. Auflage

Die erfreuliche Nachfrage hat eine weitere Auflage notwendig gemacht. Die vierte Auflage ist durch neuere Rechtsprechung und Literatur (Stand Frühjahr 1995) aktualisiert und ergänzt worden.

Neu aufgenommen ist die Zusammenstellung der Hinweise des Hauptpersonalrats des Justizministerium des Landes Nordrhein-Westfalen zur Vermeidung von Verzögerungen bei Grundbuch- und Registereintragungen im Anwaltsnotariat.

Ich danke allen, die mich durch Kritik, Hinweise und Anfragen auf Fehler, Mißverständnisse oder neue Probleme hingewiesen haben.

Für die gewissenhafte Korrektur danke ich Herrn Vors. Richter am Landgericht a. D. Götte und meiner Tochter.

Für weitere Anregungen bin ich immer dankbar.

Frühjahr 1995

Dr. Helmut Weingärtner
Vors. Richter am LG Dortmund
Graffweg 43
44309 Dortmund

Vorwort zur 3. Auflage

Das Buch ist für den Notar, seine Mitarbeiter und den richterlichen Sachbearbeiter bestimmt.

Grundlage ist ein Vortrag, den ich im Rahmen einer Veranstaltung des Deutschen Anwaltsinstituts e. V. gehalten habe. Er stützt sich auf meine langjährigen Erfahrungen als »Notarprüfer« im Anwaltsnotariat.

Die Ausführungen sollen keineswegs den Eindruck vermitteln, als wenn den Notaren ein Fehler nach dem anderen unterlaufen oder sie zweifelhafte Vereinbarungen formulieren oder unterstützen würden. Auch ich gehe von dem Bild des integren Notars aus. Wenn ein Arzt in einem Buch einige Krankheiten zusammenstellt, so will er damit auch nicht sagen, daß alle Menschen krank seien.

Es sollen und können hier nicht alle denkbar möglichen Fehler aufgezählt und abgehandelt werden. Es ist vielmehr versucht worden, nur die typischen Fehler aufzuzeigen, die erfahrungsgemäß bei Geschäftsprüfungen häufig zu Beanstandungen, zu disziplinarrechtlichen Maßnahmen oder auch zu Schadensersatzklagen gegen Notare führen. Fast jeder Punkt könnte der Titel einer eigenen Abhandlung sein. Viele Fragen können und sollen deshalb hier nur angesprochen werden, um bei dem Leser ein Problembewußtsein zu wecken.

Dabei habe ich versucht, durch einzelne Fallgestaltungen die oft trockene Materie aufzulockern. Vielleicht – hoffentlich – wird der Leser hierdurch verleitet, über das Problem, das ihn gerade beschäftigt, hinaus weiterzulesen.

Der Untertitel (Leitfaden zum Verwahrungsgeschäft) ist gewählt worden, um deutlich zu machen, daß ein wesentlicher Teil der Abhandlung sich mit der notariellen Treuhandtätigkeit befaßt.

Ich habe einige Ergänzungen und Aktualisierungen vorgenommen und die »vermeidbaren Fehler«, die auch mir unterlaufen waren, behoben. Mein Dank gilt daher insbesondere den kritischen Lesern, die mich hierauf hingewiesen haben.

Für weitere Verbesserungsvorschläge bin ich nach wie vor dankbar.

Für die gewissenhafte Korrektur danke ich meiner Tochter.

Juni 1993   Helmut Weingärtner
                                                  Graffweg 43
                                                  44309 Dortmund

Inhalt

XI

Literatur

Arndt	Bundesnotarordnung, 2. Aufl., 1982.
Bengel/Reimann	Handbuch der Testamentverwaltung, 1994
Beck´sches Notarhandbuch	herausgegeben von Brambring u. Jerschke, 1992
Bohrer	Das Beruftrecht der Notare, 1991
Bräu	Verwahrungstätigkeit des Notars, 1991.
Brambring	Das Gesetz zur Änderung und Ergänzung beurkundungsrechtlicher Vorschriften in der notariellen Praxis, DNotZ 1980, 281 ff.
	Kaufpreiszahlung über Notaranderkonto, DNotZ 1990, 615 ff.
Erhard/Douverne/Schmitz	Handbuch für Notare, 4. Aufl., 1991.
Faßbender/Grauel/Kemp/ Ohmen/Peter	Notariatskunde, 10. Aufl., 1993.
Feuerich	Bundesrechtsanwaltsordnung, 2. Aufl., 1992.
Frieling	Allgemeine Geschäftsbedingungen im Baurecht, Deutsches Anwaltsinstitut e. V. (DAI), Praktikerseminar 1992/93.
Ganter	Die Rechtsprechung des Bundesgerichtshofs zu den Belehrungs-, Hinweis- und Warnpflichten des Notars, WM 1993, Sonderbeilage.
Hartstang	Anwaltsrecht, 1991.
Haug	Leitfaden zu den Anforderungen und Risiken der notariellen Verwahrungstätigkeit, 1988.
	Treuhandtätigkeit nach § 23 BNotO.
	Risiken – Haftpflichturteile – Grundsätze, DNotZ 1982, 475 ff., 539 ff., 592.
	Haftpflichtfragen in der Notariatspraxis in »Grundkurs für angehende Anwaltsnotare« 2. Teil Bd. 5 1985, herausgegeben vom Deutschen Anwaltsinstitut e. V.
	Die Amtshaftung des Notars, 1989.
Huhn/von Schuckmann	Beurkundungsgesetz, 2. Aufl., 1987.
Keidel/Kuntze/Winkler	FGG Teil B Beurkundungsgesetz, 12. Aufl., 1987.

Keim	Das notarielle Beurkundungsverfahren, 1990.
Kersten/Bühling	Formularbuch und Praxis der freiwilligen Gerichtsbarkeit, 20. Aufl., 1994.
Krekeler	Die strafrechtliche Verantwortlichkeit des Notars bei der Gründung einer GmbH, Anwaltsblatt 1993, 69.
Lindheimer	Standesrecht im »Einführungskurs für angehende Anwaltsnotare«, 1. Teil Bd. 1, März 1984, s. oben.
Mecke	Formular-Kommentar Bd. 4, 1976.
Mecke/Lerch	Beurkundungsgesetz, 2. Aufl., 1991.
Rastätter	Grunderwerb durch Rechtsgeschäft in Haus- und Grundbesitz in Recht und Praxis (siehe oben).
Reibold	Praxis des Notariats, 5. Aufl.
Reithmann	Vorsorgende Rechtspflege durch Notare und Gerichte, 1989.
Reithmann/Röll/Geßele	Handbuch der notariellen Vertragsgestaltung, 6. Aufl., 1991.
Rinsche	Die Haftung des Rechtsanwalts und des Notars, 4. Aufl., 1992.
Rohs	Die Geschäftsführung der Notare, 10. Aufl., 1993.
Schlünder	Angriffs- und Verteidigungsstrategie nach dem AGB-Gesetz, Deutsches Anwaltsinstitut e. V. (DAI), Praktikerseminar 1992/93.
Seybold-Hornig	Bundesnotarordnung (mit DONot), 5. Aufl., 1976.
Stockebrand	Standesrecht, Grundkurs für angehende Anwaltsnotare, herausgegeben vom Deutschen Anwaltsinstitut in Zusammenarbeit mit der Bundesnotarkammer, Bd. I, 1993.
	Das Vertretungsverbot beim Anwaltsnotar, ZAP 1990, 961 ff.
Weingärtner/Schöttler	Dienstordnung für Notare mit kostenrechtlichem Leitfaden, 6. Aufl., 1993.
Weingärtner	Aufgaben und Haftung des Notars bei Grundstücksgeschäften, in Schönhofer/Reinisch: Haus- und Grundbesitz in Recht und Praxis, Band 1 – Loseblatt 1987 ff, überarbeitet 1994.
	Notarrecht, Bundesrechtliche Vorschriften – Gesetze, Verordnungen, Erlasse, Merkblätter und Hinweise – 4. Aufl., 1995.
	Notarrecht Nordrhein-Westfalen, Vorschriften, Gesetze, Verordnungen, Merkblätter und Hinweise für das Land NW, 1989.

Weingärtner/Lerch   Notarrecht Hessen, Vorschriften, Gesetze, Verordnungen, Merkblätter und Hinweise für Hessen, 1991.

Zimmermann   Erstes Gesetz zur Änderung der Bundesnotarordnung und Staatshaftungsgesetz, DNotZ 1982, 4. ff.

Weisungen der Beteiligten bei Verwahrungsgeschäften nach § 3 BNotO, DNotZ 1980, 451 ff.

Notarielle Verwahrungstätigkeit in »Einführungskurs für angehende Anwaltsnotare«, 1. Teil, Bd. 1, 1987 u. 1991, zit.: DAI.

Das Anderkonto, Deutsches Anwaltsinstitut e. V., 1994, zit.: DAI.

I. Geschäftsprüfung und Dienstaufsicht

1. Die Amtsaufsicht

Die Amtsführung des Notars ist in Abständen von mehreren – höchstens vier – Jahren zu prüfen (§ 32 Abs. 1 DONot). Liegen besondere Umstände vor, werden Zwischen- oder Sonderprüfungen vor dem Ablauf dieser Jahresfrist durchgeführt. Das ist z. B. dann der Fall, wenn Beschwerden von besonderem Gewicht gegen den Notar erhoben werden oder sich Beschwerden gegen ihn häufen.

Anklagen und Klagen gegen den Notar werden der Aufsichtsbehörde vorgelegt; ihr Verlauf und ihr Ausgang werden von ihr verfolgt. Sie können Anlaß zu außerplanmäßigen Prüfungen sein und zu Disziplinarverfahren führen. Werden Vollstreckungsmaßnahmen gegen einen Notar bekannt, so wird dies i. d. R. Anlaß sein, seine wirtschaftlichen Verhältnisse zu überprüfen (siehe § 50 Abs. 1 Satz 7 BNotO).

Die routinemäßigen Prüfungen stellen sicherlich auch eine Belastung des Notariats dar. Dieser Solidaritätsbeitrag ist aber leichter zu verkraften als ein noch höherer finanzieller Beitrag zum Vertrauensschadensfonds.

Weitere Einzelheiten siehe *Weingärtner/Schöttler*, RZ 486 ff.

2. Die Grenzen der Amtsaufsicht

Die Amtsaufsicht hat im wesentlichen vorbeugenden Charakter (BGH, DNotZ 1974, 373). Sie soll gewährleisten, daß die Notare ihre amtliche Tätigkeit im Einklang mit den bestehenden Vorschriften ausüben. Sie soll verhindern, daß durch Pflichtwidrigkeiten des einzelnen Notars das Ansehen des Notariats und die reibungslose Erledigung der notariellen Geschäfte gefährdet werden. Allerdings ist die Aufsicht nicht nur auf die Verhinderung von Mißständen für die Zukunft beschränkt. Ergibt sich – sei es anläßlich einer Geschäftsprüfung, aufgrund einer Beschwerde oder auf sonstige Weise –, daß ein Notar bei seiner Amtsausübung Fehler begangen hat, so kann ihm die Aufsichtsbehörde aufgeben, die Fehler nach

Möglichkeit zu beheben. Hat er infolge unrichtiger Gesetzesauslegung und Anwendung in einem bestimmten Fall überhöhte Gebühren verlangt und ist er nicht bereit, seine Kostenberechnung zu ändern und überzahlte Beträge zurückzuerstatten, so kann ihn die Aufsichtsbehörde nach § 156 Abs. 4 KostO anweisen, eine gerichtliche Entscheidung herbeizuführen, um so den Weg zu einer Abänderung der Kostenberechnung und der Rückzahlung überhöhter Gebühren zu eröffnen (BGH, DNotZ 1974, 373 u. DNotZ 1988, 254 m. w. Zitaten).

3   Wichtig ist, daß die Aufsichtsbehörde den Notar mit Rücksicht auf seine Unabhängigkeit nicht anweisen kann, in einer zweifelhaften Rechtsfrage eine bestimmte Rechtsansicht zu vertreten. Selbst wenn sich seine Rechtsansicht als unrichtig erweist, ist der Aufsicht eine Einwirkung versagt, sofern nur die Auffassung des Notars nach gewissenhafter Prüfung der zu Gebote stehenden Hilfsmittel auf vernünftige Erwägungen gestützt ist (BGH, DNotZ 1972, 550; *Arndt*, § 93 II 4; *Weingärtner/Schöttler*, RZ 487 a).

Wie der Richter in seiner Entscheidung und dem zur Entscheidung hinführenden Verfahren nur an das Gesetz gebunden und nur von jeder wie auch immer gestalteten Aufsicht freigestellt ist, so bedarf auch der Notar – allerdings auch nur – bei der Abwicklung des einzelnen Amtsgeschäftes der Unabhängigkeit. Dabei muß ihm auch bei der Ausübung der ihm übertragenen Aufgaben ein gewisser Entscheidungsspielraum eingeräumt werden. Auslegungsfehler, unzutreffende Anwendungen unbestimmter Rechtsbegriffe, unzutreffende Ermessensentscheidungen dürfen selbst dann nicht beanstandet werden, wenn die vom Notar gewählte Auslegung unter keinem denkbaren Gesichtspunkt aufrechterhalten werden kann (*Schippel*, DNotZ 1965, 601).

Einige der unten behandelten »Fehler« dürfen deshalb keinesfalls zu Beanstandungen der Dienstaufsicht führen. Sie sind nur als *Hinweise* zu betrachten.

3. Folgen von Pflichtverletzungen

a) *Ermahnung nach § 75 BNotO durch die Notarkammer*

Bei ordnungswidrigem Verhalten leichterer Art kann der Vorstand der Notarkammer eine Ermahnung aussprechen.   4

Beispiel:
Der Notar nimmt Beurkundungen außerhalb des ihm zugewiesenen Amtsbereichs (i. d. R.: Amtsgerichtsbezirk) vor.
Der Notar nimmt entgegen § 5 Abs. 2 DONOT Beurkundungen außerhalb seiner Geschäftsstelle vor, obwohl kein Ausnahmefall * vorliegt.

Bei Überschreitung des Oberlandesgerichtsbezirks dürfte eine Ermahnung nicht mehr ausreichend sein.

Die zu begründende und zuzustellende Ermahnung ist anfechtbar (§ 75 Abs. 4 BNotO).

Zur Belehrung mit »disziplinärem« Charakter siehe Weingärtner, DONot, RZ 487 c.

b) *Disziplinarmaßnahmen nach § 94 ff. BNotO*

Soweit in diesen Vorschriften nichts Abweichendes bestimmt ist, gelten die Disziplinarvorschriften, die für Landesjustizbeamte gelten, entsprechend (§ 96 BNotO).   5

aa) Bei ordnungswidrigem Verhalten oder Pflichtverletzungen leichterer Art kann die Aufsichtsbehörde eine Mißbilligung aussprechen (§ 94 BNotO).

Beispiel:
Der Notar beantwortet wiederholt Schreiben seiner Mandanten nicht.
Der Notar gibt gegenüber der Aufsichtsbehörde eine angeforderte Stellungnahme nicht ab.
Der Notar ist wiederholt außerhalb seines Amtsbereichs (AG-Bezirk) tätig geworden.
Der Notar hat in seiner Stellungnahme in dem Prüfungsbericht wahrheitswidrig angegeben, die Behebung der Beanstandungen veranlaßt zu haben.

Die Mißbilligung ist keine förmliche Disziplinarmaßnahme, aber anfechtbar. Der Betroffene kann gegen sie binnen eines Monats Beschwer-

---

* Siehe Grundsätze zur Auswärtsbeurkundung in *Weingärtner*, Notarrecht, OrdNr. 115.

de bei der Aufsichtsbehörde einlegen und gegen eine ihn belastende Beschwerdeentscheidung innerhalb der Beschwerdefrist die Entscheidung des Disziplinargerichts anrufen (§ 94 II BNotO n. F.). Weitere Hinweise: Weingärtner, DONot, RZ 493 a.

bb) Maßnahmen im Disziplinarverfahren (§ 97 BNotO)

6 Im Disziplinarverfahren können folgende Maßnahmen verhängt werden:
- **Verweis** (§ 98 BNotO):
  Er ist der Tadel eines bestimmten mißbilligten Verhaltens in ernster, deutlicher Form.
- **Geldbuße bis 50 000 DM**, u. U. bis zum Doppelten des erzielten Vorteils[1] (nach der NotVO auf 20 000 DM beschränkt).

Beispiel:
Notar nimmt Beurkundungen außerhalb des OLG-Bezirks vor.
  Die Massen- und Verwahrungsbücher sind nicht auf dem Laufenden oder weisen nicht unwesentliche Mängel auf.
  Der Notar hat gegen Hinterlegungsanweisungen verstoßen.

Verweis und Geldbuße können zusammen ausgesprochen werden. Sie werden durch Disziplinarverfügung der Aufsichtsbehörde verhängt.

Alle anderen Disziplinarmaßnahmen können nur im gerichtlichen Verfahren durch das Disziplinargericht (erster Rechtszug: OLG, zweiter Rechtszug: BGH) verhängt werden, nämlich:
- **Entfernung vom bisherigen Amtssitz und Zuteilung eines anderen Amtssitzes beim Nur-Notar,**
  wenn dieser an seinem bisherigen Amtssitz nicht mehr tragbar, aber als Notar noch haltbar ist (*Arndt*, § 97 II 34).
- **Befristete Entfernung aus dem Amt** beim Anwaltsnotar.
- **Dauernde Entfernung aus dem Amt.**
  Sie ist zu verhängen, wenn der Notar so schwer gegen seine Amtspflichten verstoßen hat, daß er als Notar nicht mehr tragbar ist (BGHSt 20, 73), z. B. dann, wenn er sich an ihm amtlich anvertraute fremde Vermögenswerte vergriffen hat (BGHSt 15, 372; BGHZ 34, 244, 255), bei vorsätzlicher Falschbeurkundung. Weitere Beispiele siehe unten.

---

1 Der Präsident des Landgerichts kann allerdings nur Geldbußen bis zu 10 000 DM verhängen.

Die Entfernung des Notars aus dem Amt im Wege des Disziplinarverfahrens hat nach § 97 Abs. 5 BNotO beim Anwaltsnotar die **Ausschließung aus der Anwaltschaft** zur Folge.

c) Amtsenthebung außerhalb des förmlichen Disziplinarverfahrens

Der Notar kann auch außerhalb eines förmlichen Disziplinarverfahrens   7
nach § 50 BNotO durch die Aufsichtsbehörde seines Amtes enthoben
werden, z. B. wenn er die vorgeschriebene Haftpflichtversicherung nicht
unterhält (§ 50 Abs. 1 Ziff. 8 BNotO) oder wenn seine wirtschaftlichen
Verhältnisse oder die Art seiner Wirtschaftsführung die Interessen der
Rechtsuchenden gefährden (§ 50 Abs. 1 Ziff. 7 BNotO). Das letztere
kann bereits dann der Fall sein, wenn die Wirtschaftsführung des Notars
oder die Art der Behandlung fremder Gelder erhebliche Bedenken gegen seine Zuverlässigkeit begründen; Vermögenslosigkeit, Überschuldung oder weisungswidrige Verfügung über Fremdgelder sind nicht
vorausgesetzt (BGH, DONot 1991, 94). (Zum Begriff des Vermögenszerfalls eines Anwalts: BGH, NJW 1991, 2083.) Eine ungeordnete Wirtschaftsführung kann gem. § 54 Abs. 1 Ziff. 2 BNotO auch eine vorläufige Amtsenthebung rechtfertigen.

4. Verjährung und Tilgung

Dienstvergehen, die **lediglich** eine Mißbilligung, einen Verweis oder ei-   8
ne Geldbuße rechtfertigen, verjähren in fünf Jahren (§ 95 a BNotO). Die
Frist beginnt mit der tatsächlichen Vollendung des Dienstvergehens. Sie
wird für die Dauer eines wegen desselben Sachverhalts laufenden Strafverfahrens gehemmt. Durch die Verhängung einer Disziplinarverfügung, durch jede sie bestätigende Entscheidung sowie durch die Einleitung eines förmlichen Disziplinarverfahrens wird sie unterbrochen.

Ermahnungen durch die Notarkammer und Mißbilligungen durch die
Aufsichtsbehörde sind nach fünf Jahren zu tilgen (§ 110 a BNotO).

Eintragungen über einen Verweis oder Geldbuße sind nach zehn Jahren zu tilgen. Tilgung bedeutet, daß die entsprechenden Vorgänge aus
den Akten entfernt und vernichtet werden. Sie dürfen bei späteren Disziplinarmaßnahmen nicht berücksichtigt werden.

Die Tilgungsfrist beginnt mit der Unanfechtbarkeit der Maßnahme.

Die übrigen disziplinarrechtlichen Maßnahmen unterliegen keiner Tilgung.

Eintragungen über strafgerichtliche Verurteilungen oder über andere Entscheidungen in Verfahren wegen Straftaten, Ordnungswidrigkeiten oder der Verletzung von Berufs- oder Amtspflichten, die nicht zu einer Disziplinarmaßnahme, einer Ermahnung oder Mißbilligung geführt haben, sind nach 5 Jahren zu tilgen, wenn der Notar einen entsprechenden Antrag stellt (§ 110 a Abs. 6 BNotO).

II. Allgemeine Mitwirkungsverbote

Das Fundament des Notarberufes ist das Vertrauen, das den Notaren als 9 Berufsstand entgegengebracht wird. Vertrauen setzt Wahrheitsliebe[1], allseitige Offenheit, sachkundige Informationen aller Beteiligten und große Zurückhaltung in der Beurteilung streitiger Fragen zwischen den Beteiligten voraus. Raffinement und Finessen, Verschleierungstaktik und Halbwahrheiten sind nicht Sache des Notars. Der passionierte Rechtsanwalt muß sich davor hüten, solche in seinem Beruf bis zu einem gewissen Grade gängige Praktiken im Amt des Notars Einfluß gewinnen zu lassen, womöglich zum Vorteil des einen und zum Nachteil des anderen Beteiligten (*Lindheimer*, Standesrecht in Einführungskurs für Anwaltsnotare).

Im Regelfall entspricht der Notar diesem Bilde. In Einzelfällen wird das Vertrauen jedoch leider – abgesehen von den Fällen der Veruntreuung – nachhaltig insbesondere auch durch seine Mitwirkung an verbotenen, nichtigen oder anfechtbaren Geschäften beeinträchtigt. Schon der böse Schein der Parteilichkeit trübt das Bild des gewissenhaften Notars.

Nachfolgend sollen einige Beispiele – keinesfalls abschließend – aufgeführt werden, die erfahrungsgemäß – zumindest im Bereich des Anwaltsnotariats – die Dienstaufsicht wiederholt beschäftigt haben.

1. Teilnahme an strafbaren Handlungen

a) Kreditbetrug

Beispiel: 10
Die Vergabe eines Kredites bei einem größeren Bauvorhaben wird davon abhängig gemacht, daß der Bauträger den Banken gegenüber nachweist, 2/3 der Objekte verkauft zu haben. Der Notar beteiligt sich an Scheinverträgen, um diese Quote zu erreichen. Die Verträge werden der Bank eingereicht; anschließend werden einige Verträge wieder annulliert, ohne daß die Bank benachrichtigt wird.

---

1 Pflicht zur wahrheitsgemäßen Beurkundung: BGH, DNotZ 1992, 819.

Beispiel:
Der Notar beurkundet einen Kaufvertrag über ein Eigenheim. Kaufpreis: 400 000 DM. In einer gesonderten Urkunde wird der Kaufpreis auf 300 000 DM herabgesetzt. Der Vertrag über 400 000 DM wird der kreditierenden Bank eingereicht, um den Wert des Grundstücks zu dokumentieren. Der wahre Kaufpreis wird verschwiegen.

Hier macht sich der Notar des Betruges schuldig; er durfte die Beurkundungen nicht vornehmen.

Zur Frage, wie der Notar sich verhalten soll, wenn er erst später erfährt, daß er einen falschen Kaufpreis beurkundet hat, siehe unten RZ 14 f.

b) Steuerbetrug

10a Beispiel:
Die Parteien vereinbaren und zahlen einen höheren Preis, lassen aber den niedrigeren beurkunden. Sie wollen auf diesem Wege Steuern sparen oder versuchen, nicht versteuerte Gelder »umzusetzen«.

Verträge, bei denen ein falscher Kaufpreis beurkundet wird, sind nichtig. Der beurkundete Vertrag ist unwirksam, weil er ein Scheingeschäft ist; die mündliche Preisabsprache ist ungültig, weil sie nicht beurkundet worden ist. Der mündlich geschlossene, unwirksame Vertrag wird allerdings durch die Auflassung und Eintragung im Grundbuch geheilt (§ 313 Abs. 1 Satz 2 BGB).

Falls jedoch die Wirksamkeit des Rechtsgeschäftes zudem noch von einer behördlichen Genehmigung abhängig ist, wird der Vertrag überhaupt nicht wirksam, da das tatsächlich Vereinbarte nicht genehmigt ist. Die Parteien können sich deshalb u. U. noch nach Jahren auf die Nichtigkeit des Vertrages berufen und die Rückabwicklung fordern. Abgesehen von diesen Bedenken können sich die Vertragspartner des Betruges und der Steuerhinterziehung strafbar machen. Außerdem läuft der Käufer Gefahr, keine Gewährleistungsansprüche geltend machen zu können (OLG Hamm, NJW 1986, 136). Der Notar begibt sich zusätzlich in die Gefahr der Erpreßbarkeit durch den Vertragspartner bzw. durch den Mandanten.

Auch der umgekehrte Fall ist denkbar, daß nämlich die Vertragsparteien mit Wissen des Notars einen höheren Kaufpreis beurkunden als tatsächlich mündlich vereinbart worden ist, z. B. um Vorkaufsberechtigte abzuschrecken, ihr Vorkaufsrecht auszuüben.

2. Vorgetäuschte notarielle Prüfungstätigkeit

Beispiel: **11**
Eine Treuhänderin verpflichtete sich, für Interessenten (Gesellschafter) eine Sportanlage zu bauen. Die Interessenten sollten ihre Einlagen auf ein Treuhandkonto des Notars einzahlen. In dem Vertrag hieß es:»Mit einem unabhängigen Notar wird eine Vereinbarung getroffen, der die Freigabe der Mittel bei Vorliegen bestimmter Voraussetzungen regelt.« Voraussetzung war, daß der Notar die Gelder, die auf dem Treuhandkonto eingezahlt waren, nur dann freigeben durfte, wenn 75 % des Gesellschaftskapitals gezeichnet waren. Die Zahlungen an den Notar erfolgten vereinbarungsgemäß mit der entsprechenden Weisung, die Gelder nur auszuzahlen, wenn 75 % des Gesellschaftskapitals gezeichnet (also nicht eingezahlt, nur gezeichnet) seien und der Notar dies bescheinigte. Da sich nicht genügend Zeichner fanden, zeichnete kurzerhand der Treuhänder selbst, seine Ehefrau und sein Sohn. Damit waren 75 % gezeichnet, der Notar bescheinigte dies und gab die Gelder frei. Der Treuhänder konnte später die Gelder nicht einzahlen; das Objekt platzte. Es blieben eine Bauruine und betrogene Anleger.

Der Notar darf keinesfalls an Rechtsgeschäften mitwirken, in denen seine Mitwirkung lediglich dazu dient, dem Geschäft einen Anstrich der Seriosität zu geben. Wenn für ihn auch nur der Verdacht besteht, daß durch seine Einschaltung ein besonderer Vertrauenstatbestand erweckt wird, den er gar nicht erfüllen kann, muß er seine Mitwirkung verweigern. Das ist z. B. dann der Fall, wenn bei objektiver Prüfung nur die Möglichkeit besteht, daß ein trügerischer Schein an Sicherheit durch die treuhänderische Tätigkeit des Notars erweckt wird, dem Notar aber tatsächlich eine **eigenverantwortliche** Prüfung nicht möglich ist.

Weiteres Beispiel:
In jüngster Zeit sind wiederholt Fälle aufgetreten, in denen ausländische Unternehmen Darlehen in ungewöhnlicher Höhe zu angeblich günstigen Konditionen anbieten. Die Annahme des Darlehensvertrages – manchmal auch nur das Angebot des Darlehensempfängers – wird von der Einschaltung eines Notars abhängig gemacht. Bereits mit notarieller Unterschrift wird eine Vermittlungs- und Bearbeitungsgebühr in Höhe mehrerer tausend DM fällig. Die Auszahlung des Darlehens soll dann – was dann allerdings nicht passiert – über ein Sonderkonto des Notars ausgezahlt werden.

Die Einschaltung des Notars war in diesen Fällen nicht notwendig und sollte dem Unternehmen nur den Anstrich der Seriosität geben. Hier muß der Notar seine Amtstätigkeit verweigern. Siehe auch unten RZ 127.

Aktuell in diesem Zusammenhang ist immer noch das Rundschreiben der RhNotK vom 10.12.81, siehe auch Weingärtner/Schöttler RZ 195b, neuer Hinweis der BNotK-Rundschreiben v. 17.8.94.

3. Kenntnis des unredlichen Zwecks – Problem der Verschwiegenheitspflicht

12 Wie soll sich der Notar verhalten, wenn er erkennt, daß eine oder beide Parteien mit der Beurkundung einen »unredlichen« Zweck verfolgen?

a) Beide Parteien kennen den »unredlichen« Zweck

Beispiel:
Ein Ausländer will die Ehe mit einem deutschen Staatsangehörigen eingehen, um eine Aufenthaltsgenehmigung zu erlangen. Es soll vereinbart werden, daß eine eheliche Gemeinschaft nicht begründet werden soll und daß nach der standesamtlichen Eheschließung und nach Erhalt der Aufenthaltsgenehmigung des Ausländers die Scheidung beantragt werden soll.
(Abgedruckt in Mitteilungen der Rechtsanwaltskammer für den OLG-Bezirk Hamm 1984, S. 18)

Hier ist für den Notar zweifellos der »unredliche Zweck« erkennbar. Die wissentliche Mitwirkung des Notars an »Scheinehen«-Verträgen ist nicht nur standeswidrig; der Notar verletzt seine Amtspflichten. Nach § 14 Abs. 2 BNotO, § 4 BeurkG hat er seine Mitwirkung an Handlungen zu versagen, mit denen erkennbar unerlaubte oder unredliche Zwecke verfolgt werden.

Entsprechendes gilt – allerdings jeweils nur bezogen auf die Vorbereitung des Abschlusses einer »Scheinehe« – wenn der Notar bei Verträgen mitwirkt, wonach güterrechtliche Ansprüche ausgeschlossen werden sollen und der deutsche Ehepartner für die Dauer und aus Anlaß der Eheschließung keine Kosten oder sonstigen finanziellen Einbußen tragen soll.

b) Nur eine Partei handelt unredlich

13 Beispiel:
Der Notar erkennt, daß eine unerfahrene, geschäftsungewandte Person von einem Betrüger geprellt werden soll (BGH, BB 1967, 59).

Grundsätzlich braucht der Notar über die Vertrauens- und Kreditwürdigkeit eines Vertragspartners nicht zu belehren (BGH, DNotZ 1967, 323); eine Ausnahme besteht aber z. B. im obigen Fall. Wenn der Notar hier die rechtliche und tatsächliche Lage dem anderen Vertragsteil nicht

durch Belehrung klarmachen kann, gebietet ihm § 4 BeurkG, die Amtshandlung abzulehnen.

Schwieriger sind die Fälle, in denen die »Unredlichkeit« höchst wahrscheinlich, aber nicht sicher ist. Hier kann folgende Faustregel *Haugs*
(Grundkurs 1985 Bd. V RZ 19), geringfügig abgeändert, helfen:

Wenn der Notar es für höchst wahrscheinlich hält, daß der andere Vertragspartner illiquid
ist oder gar betrügerisch handelt, so kann und darf er nicht etwa auf die Schulden oder
Vorstrafen hinweisen, muß aber dessen Vertragspartner vor etwaigen Risiken derart war-
nen, daß entweder ausreichende Sicherheiten gegeben werden oder daß das vorgesehene
Geschäft nicht abgeschlossen wird.

Im Hinblick auf die gegenseitige Offenbarungspflicht der Vertragsparteien besteht auch
die Möglichkeit, den einen – unsoliden – Beteiligten unter Fristsetzung aufzufordern, dem
oder den anderen Beteiligten die erforderliche Erklärung über verschwiegene Umstände
zu geben. Anderenfalls werde er, der Notar, von sich aus aufklären oder die Amtstätigkeit
ablehnen.

Jedenfalls hat der Notar zunächst den Verdachtsmomenten nachzugehen und die Beteiligten um Aufklärung zu ersuchen (*Mecke/Lerch*, § 4
RZ 4).

Siehe hierzu auch BGH, DNotZ 1988, 392, und *Krekeler*, Anwaltsblatt 1993, 71 und *Haug* RZ 434 ff.

c) *Nachträgliche Kenntnis der Unredlichkeit*

Erkennt der Notar **nach** der Beurkundung die Nichtigkeit des Ge- 14
schäfts oder die Rechtswidrigkeit des verfolgten Zwecks, so hat er seine
weitere Mitwirkung zu versagen. Er muß versuchen – soweit es ihm
möglich ist –, den schädigenden Erfolg zu verhindern.

So hat er z. B. die Vorlage der Urkunden zum Vollzug beim Grundbuchamt zu unterlassen (Huhn/v. Schuckmann, § 4 RZ 29; Mecke/
Lerch, § 4 RZ 9 OLG Hamm, MittRheinNotK 1994, 183). Er darf auch
keine Ausfertigungen erteilen (Mecke/Lerch, aaO; Ganter, S. 8,
Krekeler, aaO).

Ggf. hat er die Beteiligten auf die erkannten Gefahren hinzuweisen,
u. U. auch unter Bruch seiner Schweigepflicht.

Beispiel: 15
Der Notar erfährt, daß die Parteien nachträglich den Kaufpreis herabgesetzt haben. Die
ursprüngliche Vereinbarung war nur zur Täuschung der kreditierenden Bank über den
wahren Wert erfolgt.

Der Vorstand der angefragten Notarkammer, die in diesem Falle befragt wurde, hat die Auffassung vertreten, daß die **Amtsverweigerung** des Notars **für die noch ausstehenden Verträge** berechtigt sei. Er **verneinte** allerdings eine **Offenbarungspflicht** gegenüber den Banken, soweit der Notar die **Verträge** bereits **abgewickelt** hatte. Soweit dies nicht der Fall sei – so die Notarkammer –, solle der Notar den Banken anheimstellen, die Beleihungsfähigkeit des finanzierten Kaufobjektes zu überprüfen.

16 Der BGH (DNotZ 1978, 373) hat in einem entsprechenden Fall ausgeführt:

Ein Notar muß ein unter seine Schweigepflicht fallendes Wissen sogar voll preisgeben, wenn er damit strafbare Handlungen verhindern kann. Denn die Pflicht, dem Unrecht zu wehren, geht dem Schutz des Notargeheimnisses vor.

Siehe auch unten: VII 4 d, RZ 147.

4. Beurkundung von nichtigen, heilbaren oder »anfechtbaren« Rechtsgeschäften

a) Nichtige – heilbare Rechtsgeschäfte

17 § 4 BeurkG verbietet dem Notar, Beurkundungen über Rechtsgeschäfte vorzunehmen, die ohne jeden vernünftigen Zweifel unwirksam sind und auch nicht geheilt werden können.

Beispiel:
Der Notar darf die Unterschrift des Erblassers unter einem mit Schreibmaschine geschriebenen Testament nicht beglaubigen oder eine Erbscheinsverhandlung auf der Grundlage eines solchen oder eines maschinenschriftlichen Testaments beurkunden.

Beispiel:
Der Notar beurkundet die »formularmäßige isolierte« Einbeziehung der Gewährleistungsregelung der VOB/B in einem Bau- oder Bauträgervertrag. Nach der Rechtsprechung des BGH (BGH, NJW 1985, 315) ist diese Klausel wegen Verstoßes gegen das AGB-Gesetz unwirksam.
Der Notar begeht eine Amtspflichtverletzung, wenn er die »isolierte« Beurkundung vornimmt (Rundschreiben der Landesnotarkammer Bayern vom 28. 1. 1986).

Siehe hierzu auch unten RZ 97 ff. Ausführlich hierzu: *Reithmann/ Röll/ Geßele* RZ 37, *Haug*, Amtshaftung RZ 494.

Das OLG Hamm hat einen Notar zum Schadensersatz verurteilt, weil er den Parteien nicht von der »isolierten« Einbeziehung des § 13 VOB/B abgeraten hat (DNotZ 1987, 696 mit kritischer Anmerkung von *Kanzleiter*).

Der Notar darf allgemein erkennbare unwirksame Rechtsgeschäfte auch dann nicht beurkunden oder beglaubigen, wenn das Gesetz Heilungsmöglichkeiten vorsieht.

Beispiel:
Vor Beurkundung einer Auflassung hat der Notar zu prüfen, ob eine »nach § 313 Satz 1 BGB erforderliche Urkunde« i. S. des § 925 a BGB in wirksamer Form (besonders bei Urkunden einer ausländischen Beurkundungsperson) vorliegt. Ist diese Frage zu verneinen, hat er entweder eine (ggf. nochmalige) gleichzeitige Beurkundung anheimzustellen oder die Beurkundung abzulehnen (Huhn/v. Schuckmann, BeurkG § 4 RZ 15).

b) »Anfechtbare« oder möglicherweise unwirksame Rechtsgeschäfte

Da der Notar eine Beurkundung grundsätzlich nicht ablehnen darf, fragt es sich, wie er sich bei »anfechtbaren« Rechtsgeschäften verhalten muß, z. B. dann, wenn die Merkmale der speziellen Konkursanfechtung (§§ 39 ff. KO) vorliegen. Grundsätzlich darf er die Beurkundung nicht ablehnen. Eine Ausnahme gilt jedoch im Falle des § 30 Nr. 2 KO (inkongruente Deckung), weil hier häufig der Straftatbestand des § 283 StGB gegeben ist (hierzu ausführlich *Röll*, DNotZ 1976, 453 ff. und Reithmann/Röll/Geßele RZ 584 ff.). Selbst wenn die Tatbestände der Absichtsanfechtung (§ 31 KO) oder der Schenkungsanfechtung (§ 32 KO) vorliegen, darf er seine Amtstätigkeit nur verweigern, wenn das Rechtsgeschäft darüber hinaus sittenwidrig ist (§ 138 BGB), auf ein Scheingeschäft hinausläuft oder strafbare Handlungen enthält. Die diese Umstände begründenden Tatsachen müssen für den Notar unzweifelhaft feststehen, bevor er die Beurkundung ablehnen darf[1]. Er hat jedoch bereits bei dem Verdacht auf Vorliegen eines Anfechtungsgrundes entsprechend zu belehren. Falls ihm nach der Beurkundung Tatsachen bekannt werden, die zur Ablehnung der Beurkundung geführt hätten, hat er eine Vorlage der Urkunde zum Vollzug, z. B. beim Grundbuchamt, zu unterlassen (*Huhn/v. Schuckmann*, § 4 RZ 29; *Mecke/Lerch*, § 4 RZ 9).

18

---

1 Siehe hierzu BGH, DNotZ 1989, 54 f.

19 Für die Fälle, in denen eine Vereinbarung möglicherweise unwirksam ist, z. B. weil eine bedenkliche Zinsvereinbarung protokolliert werden soll, schlägt *Huhn/v. Schuckmann*, RZ 30, folgende Formel vor:

> Der Notar wies den Beteiligten auf die ungewöhnliche Zinshöhe hin und belehrte ihn über die daraus folgenden Bedenken über eine mögliche Unwirksamkeit des Vertrages. Der Erschienene erklärte, daß er sich nicht in einer Notlage befinde, sondern die Aufnahme des Darlehens wünsche, um ein geschäftliches Projekt zu finanzieren, von dem er sich erhebliche Gewinnchancen verspreche. Er wünsche unter allen Umständen die Beurkundung.

Weiteres Beispiel:

19a Ein Mandant bittet um Beurkundung eines sog. Patiententestaments. Er will hierin eine Regelung für den Fall treffen, daß er seinen Willen nicht mehr zu artikulieren vermag.
Die Kernaussage lautet:»Sollten Diagnose und Prognose von mindestens zwei Fachärzten, ungeachtet der Möglichkeit einer Fehldiagnose, ergeben, daß meine Krankheit zum Tode führen und mir nach aller Voraussicht große Schmerzen bereiten wird, so wünsche ich keine weiteren diagnostischen Eingiffe und keine Verlängerung meines Lebens mit den Mitteln der Intensivtherapie.«
Weiterhin wird in dem Formular um eine Einstellung der Therapie gebeten, falls durch eine Hirnverletzung oder Gehirnerkrankung die normalen geistigen Funktionen irreparabel geschädigt wurden und mindestens zwei Fachärzte feststellen, daß der Patient kein menschenwürdiges Dasein mehr führen können wird. Überdies enthält das Formular i. d. R. eine Willenserklärung darüber, ob der Patient im Falle des klinischen Todes mit einer Organentnahme einverstanden ist oder nicht.

Der Notar ist berechtigt, bei der Errichtung eines solchen »Patiententestaments« mitzuwirken, ist aber dann auch verpflichtet, die Beteiligten darauf hinzuweisen, daß die Rechtsverbindlichkeit der Verfügung zweifelhaft ist (vgl. *Hirsch*, ZRP 1986, 240). Die BNotK rät davon ab, Patiententestamente zu beurkunden. Sie rät, wie auch andere Kammern, dazu, die Mitwirkung auf Unterschriftsbeglaubigungen zu beschränken (MittNotK Hamm 1986, 30; MittNotK Koblenz 1986 Nr. 1; MittNotK Oldenburg 1985 Heft 4). Ausführlicher hierzu: *Weingärtner*, DONot, RZ 549 a.

19b Entsprechendes gilt für Erklärungen von Mitgliedern religiöser Gemeinschaften, die z. B. eine Bluttransfusion ablehnen, insbesondere dann, wenn solche Verfügungen von Minderjährigen getroffen werden. Hier bestehen Bedenken wegen der Fähigkeit zu einer strafrechtlich rechtfertigenden Einwilligung, der zuverlässigen Feststellung der dazu erforderlichen Einsichtsfähigkeit und des Spannungsverhältnisses in dem beim Minderjährigen grundsätzlich weiterhin den Eltern gemäß §§ 1626,

1629, 1666 BGB zustehenden, verfassungsrechtlich geschützten (Art. 6 II GG) Personensorgerecht, ganz abgesehen von der rechtlichen Problematik der Fortgeltung der Verfügung im Grenzbereich zwischen Leben und Tod nach Verlust der Entscheidungsfähigkeit (vgl. *Hirsch*, ZRP 1986, 240). Aber auch die Beschränkung auf die reine Unterschriftsbeglaubigung ist problematisch. Zwar bezieht sich deren Erklärungswert gemäß § 39 BeurkG lediglich auf die Echtheit der Namensunterschrift und nicht auf ihre materielle Wirksamkeit. Gleichwohl kann nicht verkannt werden, daß ein mit Dienstsiegel versehener Beglaubigungsvermerk eines Notars grundsätzlich geeignet ist, den Erklärungsempfänger, der i. d. R. Rechtslaie ist, zu beeindrucken und in seiner Entscheidung zu beeinflussen.

Der Präsident des OLG Hamm hat für diesen Problemfall (Erklärung eines Minderjährigen) folgende Empfehlung ausgesprochen (19. 3. 1990 – 3830 I – 1.113):

Nach § 11 Abs. 1 BeurkG soll der Notar die Beurkundungen ablehnen, wenn nach seiner Überzeugung einem der Beteiligten die erforderliche Geschäftsfähigkeit fehlt; Zweifel an der erforderlichen Geschäftsfähigkeit soll er in der Niederschrift feststellen. Dementsprechend hat er die Beglaubigung der Unterschrift eines beschränkt Geschäftsfähigen unter einer Patientenverfügung der hier in Rede stehenden Art abzulehnen, wenn diesem nach seiner – des Notars – Überzeugung die geistige und sittliche Reife fehlt, die Tragweite und Bedeutung der allgemeinen Ablehnung einer Blutübertragung zu ermessen. Verbleiben dem Notar insoweit Zweifel, hat er dem Beglaubigungsvermerk in entsprechender Anwendung des § 11 Abs. 1 BeurkG einen Zusatz des Inhalts beizufügen, daß die rechtliche Wirksamkeit der Erklärung nicht abschließend geprüft worden ist. Ein solcher Vermerk begegnet der rechtsirrigen Vorstellung, daß mit der Beglaubigung der Unterschrift auch die rechtliche Wirksamkeit der unterschriebenen Erklärung bestätigt werde.

Ausführlich zu dieser Problematik:
Schölkhammer, Die Rechtsverbindlichkeit des Patiententestaments. Der Autor kommt zu dem Ergebnis, daß die im Patiententestament niedergelegte antizipierte Behandlungsanweisung für den Arzt verbindlich sei.

5. Mißbräuchliche Gestaltungen des Beurkundungsverfahrens

Verdacht, daß die entsprechende Gestaltung gewählt wurde, um einen   20
wirtschaftlich oder intellektuell unterlegenen Beteiligten eines Rechtsgeschäftes der Sachverhaltsaufklärung, Beratung und Belehrung durch den

Notar oder der Chance von Verhandlungen mit dem Vertragspartner zu entziehen:
- Systematische Beurkundung mit vollmachtlosen Vertretern vorbehaltlich Genehmigung;
- Systematische Aufspaltung in Angebot und Annahme;
- Systematische Beurkundung unter Verwendung isolierter Vollmachten;
- Systematische Auslagerung geschäftswesentlicher Vereinbarungen in Bezugsurkunden (§ 13 BeurkG);
- Systematische Beurkundung mit Angestellten des Notars als vollmachtlose Vertreter vorbehaltlich Genehmigung;
- Systematische Beurkundung von (u.U. wesentlichen) Folgegeschäften durch in der Urkunde Bevollmächtigte, insbesondere beim Urkundsnotar beschäftigte Personen;
- Vergabe von Beurkundungsterminen »ins Blaue hinein«, oder nur nach Absprache mit einem Verfahrensbeteiligten, wodurch einem Vertragsteil die Ausnutzung einer Überrumpelungssituation ermöglicht wird.

Derartige Gestaltungsvarianten sind im Hinblick auf § 14 BNotO und § 4 BeurkG. bedenklich.

Ausführliche Hinweise enthält ein Rundschreiben des Präsidenten der Landesnotarkammer Bayern.

III. Mitwirkungsverbote nach dem Beurkundungsgesetz und der BRAO

Literaturhinweise: *Stockebrand*, Standesrecht, Grundkurs für angehende Anwaltsnotare Bd. I; *derselbe*, Vertretungsverbot beim Anwaltsnotar, ZAP 90, 961 ff.; *Feuerich*, Kommentierung zu § 45 BRAO; *Jessnizer/Blumberg*, Kommentierung zu § 45 BRAO.

Die speziellen Mitwirkungsverbote nach §§ 3 ff. BeurkG und § 45   21
Abs. 1 n.F. BRAO sollen hier nicht abschließend behandelt werden. Es sollen nur die häufig vorkommenden Verstöße angesprochen werden.

Die strikte Beachtung der Grenzen zwischen Anwalts- und Notartätigkeit liegt nicht nur im Interesse der Mandanten, die Anspruch auf eine unabhängige Beratung haben; sie ist auch wichtig, wenn das – keineswegs unumstrittene – Institut des Anwaltsnotars erhalten bleiben soll.

1. Notarielle Tätigkeit nach anwaltlicher Tätigkeit

Beispiel: 22
Der Anwaltsnotar vertritt in einem Eherechtsstreit einen der Ehepartner.
   a) Er soll im Einverständnis beider Partner die Scheidungsvereinbarung beurkunden.
   b) Er soll nur das Angebot seines Mandanten zum Abschluß dieser Vereinbarung an den Ehepartner beurkunden.

In beiden Fällen ist dem Notar eine Mitwirkung nach §§ 3 Abs. 1 Satz 5 BeurkG verboten.

Die Regelung der Scheidungsfolgen steht mit der Ehescheidung selbst in einem so engen Zusammenhang, daß es sich nach allgemeiner Meinung um einen einheitlichen Lebenssachverhalt handelt und damit um »dieselbe Angelegenheit« i. S. d. § 3 Abs. 1 Satz 5 BeurkG. Das Beurkundungshindernis entfällt erst, wenn das dem Anwalt erteilte Mandat beendet ist, i. d. R. also mit der Abrechnung der Gebühren (*Weingärtner/Schöttler*, RZ 529). Aber auch dann soll der Notar nach § 3 Abs. 2 BeurkG vor der Beurkundung auf seine frühere Tätigkeit als Bevollmächtigter hinweisen und fragen, ob die Beteiligten die Beurkundung durch ihn gleichwohl wünschen, und dies in der Niederschrift vermerken.

Es ist eine Umgehung – und daher unzulässig –, wenn der Rechtsanwalt, bevor er als Notar tätig wird, seine anwaltliche Vertretung niederlegt oder für beendet erklärt, nachdem sich die Beteiligten über den bisherigen Streit und Verhandlungsstoff geeinigt haben und er nunmehr als Notar z. B. den Ehescheidungsfolgenvertrag oder ähnliches beurkundet (Beispiele bei *Stockebrand*, aaO, RZ 52).

23 Da das Mandat im Falle einer Sozietät nicht dem einzelnen der Sozietät angehörenden Rechtsanwalt, sondern der Sozietät erteilt wird, sind an der Beurkundung auch alle Sozien gehindert, solange das Anwaltsmandat nicht beendet ist. Aber selbst wenn – was z. B. bei überörtlichen Sozietäten der Fall sein kann – das Mandat nur einem der Anwälte übertragen worden ist (siehe z. B. KG in NJW 94, 3111, OLG Düsseldorf in MDR 94, 411), besteht m. E. ein Beurkundungsverbot aus dem in § 14 BNotO verankerten Neutralitätsgebot, weil der Rechtsuchende die inneren Strukturen der Sozietät nicht kennt und schon der »böse Schein« vermieden werden soll.

Dieser Grundsatz gilt nicht nur für die Sozietät, sondern auch für die Bürogemeinschaft (*Weingärtner/Schöttler*, RZ 529 m. w. Zit.).

24 Weiteres Beispiel:
Der Anwaltsnotar vertritt in einer Erbstreitigkeit einen Miterben; es kommt ein außergerichtlicher Vergleich zustande, die Miterben beauftragen ihn als Notar, den Erbauseinandersetzungsvertrag zu beurkunden.

Das ist dem Notar erst dann möglich, wenn klargestellt wird, daß das Anwaltsmandat restlos erledigt ist; dabei muß der Notar seinen bisherigen Auftraggebern klarmachen, daß er nunmehr die Interessen aller Beteiligten zu berücksichtigen hat.

Weiteres Beispiel:
Der Anwaltsnotar gibt seinem Mandanten, der wegen einer Geldforderung (z. B. einer Unterhaltsforderung) verklagt ist, den Rat, den Kläger wegen des nicht zu bestreitenden Teils der Forderung klaglos zu stellen und sich bei ihm in einer vollstreckbaren Urkunde der Zwangsvollstreckung zu unterwerfen.

Auch hier ist ihm verboten, die Beurkundung vorzunehmen.

24a Weiteres Beispiel:
Ein Anwaltsnotar vermakelt ein Grundstück. Anschließend beurkundet er den Kaufvertrag, der Voraussetzung für die Verpflichtung des Versprechenden zur Entrichtung des Maklerlohnes ist.
Bereits die Grundstücksvermittlung ist dem Notar nach § 14 Abs. 4 BNotO verboten. Das Verbot richtet sich uneingeschränkt auch an den Anwaltsnotar. Der Vermittlungsvertrag ist nach § 134 BGB nichtig (BGH, DNotZ 1991, 318). Mit der Beurkundung verstößt der Notar ebenfalls gegen § 14 BNotO. Siehe *Weingärtner/Schöttler*, RZ 94 m. w. Hinw.).

Nicht beanstandet hat der BGH dagegen (NJW 1988, 563, 565) die Be-   24b
urkundung des Erwerbs einer Eigentumswohnung, nachdem der Notar
den Mandanten zunächst steuerlich beraten und dadurch erst den Kauf-
entschluß geweckt hatte. Er hat dem Notar Gebührenansprüche sowohl
nach der BRAGO als auch nach der KostO zugebilligt.

2. Problem des »Hausnotars«

Der Notar darf in Angelegenheiten von Personen, zu denen er in einem   25
ständigen Dienst- oder ähnlichem ständigen Geschäftsverhältnis steht,
nicht mitwirken (§ 3 Abs. 1 Nr. 5 BeurkG).

Verboten sind also Beurkundungen in den Fällen, in denen der Notar
in einem weisungsabhängigen Verhältnis zu einem der Beteiligten steht.

Darüber hinaus sind die Fälle bedenklich, in denen er zwar weisungs-
unabhängig ist, jedoch der Anschein der Parteilichkeit besteht.

Erwähnt werden soll hier nur der Fall des sog. Hausnotars.

Beispiele:
Ein Kreditinstitut macht die Mitwirkung seines »Hausnotars« zur Voraussetzung des Geschäftes.
Ein Bauträger drängt auf Beurkundung durch seinen »Hausnotar«. Zur Vereinfachung
hat er in seinen Vertragsentwürfen bereits den Namen des Notars eingesetzt.

Wenn der Notar hiervon Kenntnis hat, muß er die anderen Beteiligten
auf die Unzulässigkeit dieser Praxis hinweisen und sie darüber belehren,
daß sie selbstverständlich einen anderen Notar aufzusuchen berechtigt
seien. Die Tatsache dieser Belehrung soll er in seiner Niederschrift beurkunden. Unterläßt er die Belehrung, setzt er sich der Gefahr disziplinä-
rer Verfolgung aus (*Huhn/v. Schuckmann*, § 3 RZ 43).

3. Beurkundung für einen Sozius

Beispiel: 26
Der Notar beurkundet einen Kaufvertrag, den sein Sozius mit einem Dritten abgeschlos-
sen hat. Der Dritte – Käufer – zahlt Gelder auf das Notaranderkonto; der Notar darf die
Gelder nur bei Eintritt bestimmter Voraussetzungen auszahlen.

Es besteht kein gesetzliches Verbot der Beurkundung für Sozien.
Gleichwohl ist die 48. Vertreterversammlung der Bundesnotarkammer
der Ansicht, daß der Anschein der Parteilichkeit bei Beurkundungen in

Angelegenheiten eines Sozius oder Bürogemeinschaftlers gegeben sein kann, ebenso *Mecke/Lerch* § 3 RZ 25.

Die 48. Vertreterversammlung der Bundesnotarkammer hat u. a. ausgeführt:

Eine Überprüfung der in Betracht kommenden Fälle brachte die Vertreterversammlung zu der Überzeugung, daß der Anschein der Parteilichkeit bei Beurkundungen in Angelegenheiten eines Sozius oder Bürogemeinschaftlers leicht gegeben sein kann, zumal wenn es sich nicht um eine private Angelegenheit handelt und somit evtl. sogar direkt oder indirekt ein wirtschaftliches Interesse des Notars vorliegt. In den Augen der Öffentlichkeit ist dann nicht immer sichergestellt, daß der Notar wirklich über den Interessen aller Beteiligten steht. Es ist vielmehr nicht auszuschließen, daß er bewußt oder unbewußt die Informationen seines Sozius in stärkerem Maße berücksichtigt, etwa dadurch, daß der Notarsozius den Erklärungen seines Sozius, mit dem er auch sonst vertrauensvoll zusammenarbeitet, mehr Gewicht beilegt als denen des anderen Vertragsteils, so daß von vornherein nicht auszuschließen ist, daß die Amtstätigkeit des Notars nicht mehr zu einem gerechten Ausgleich der Interessen führt.

In diesem Zusammenhang ist darüber hinaus zu berücksichtigen, daß die gesamte Vorbereitung und Abwicklung des Vertrages im allgemeinen Bürobetrieb der Sozietät geschieht, daß somit der Vertragspartner auch in diesen Stadien eine unmittelbare Möglichkeit der Einflußnahme besitzt.

Nach alledem besteht leicht die Gefahr, daß Beurkundungen in Angelegenheiten eines Sozius oder eines Bürogemeinschaftlers den Notar in Konflikte mit seinen Pflichten als Amtsträger bringen könnten. Lediglich bei einseitigen Willenserklärungen wie Testamenten, Löschungsbewilligungen, Unterschriftsbeglaubigung u. ä. wird dies meist nicht der Fall sein . . .

In den Fällen sollte daher mit besonderer Zurückhaltung vorgegangen und sorgfältig geprüft werden, ob tatsächlich die gebotene Unabhängigkeit und Unparteilichkeit besteht oder dem auch nur der Anschein widerspricht. Ist letzteres nicht auszuschließen, sollte sich der Notar gem. § 16 Abs. 2 BNotO der Ausübung des Amtes wegen Befangenheit enthalten und dies den Vertragsbeteiligten mitteilen und erklären.

Im obigen Fall dürfte der Notar m. E. an einer Tätigkeit gehindert sein.

Jedenfalls aber ist er verpflichtet, ausdrücklich die Urkundsbeteiligten auf das Sozietätsverhältnis hinzuweisen, um ihnen eine Entscheidung zu ermöglichen, ob die Beurkundung gleichwohl vorgenommen werden soll. In der Urkunde soll vermerkt werden, daß die Belehrung erfolgt ist.

Siehe auch *Weingärtner/Schöttler*, RZ 530.

Entsprechendes gilt für die Protokollierung für Familienangehörige des Sozius.

26a **Überörtliche Sozietäten** sind wie örtliche zu behandeln. Der Rechtsuchende kennt die inneren Strukturen der Sozietät nicht. Der Anschein einer Einflußnahme des Sozius auf den Notar muß vermieden werden, siehe oben RZ 23.

Protokollierungen für den Sozius als Organ einer Gesellschaft oder eines Vereins sind nach entsprechender Aufklärung und Belehrung nicht verboten, wenn nicht ein Fall des § 6 I 4 BeurkG gegeben ist. Im Einzelfall ist jedoch zu prüfen, ob nicht der Anschein einer Parteilichkeit entstehen kann. So hat die Notarkammer Frankfurt/M. von der Protokollierung einer Hauptversammlung einer Aktiengesellschaft abgeraten, weil der Sozius Mitglied des Aufsichtsrats war. Da die Hauptversammlung über die Entlastung des Aufsichtsrats zu entscheiden habe, könne es zu Differenzen über den Protokollinhalt zwischen Aktionären und Vorstand kommen. Dann könne der Anschein nicht ausgeschlossen werden, der Notar habe nicht die notwendige Unparteilichkeit.

Hierzu noch weitere Ausführungen im folgenden Abschnitt:

26b

4. Vermeidung des »bösen« Scheins

a) Verbot der einseitigen Parteinahme

Wie schon aus den obigen Ausführungen ersichtlich, muß der Notar generell schon den »bösen« Schein der Parteilichkeit vermeiden. Als unparteiischer Betreuer von Beteiligten kann es ihm niemals gestattet sein, die Rolle eines Parteivertreters zu übernehmen oder hierfür auch nur den Anschein zu erwecken. »Der passionierte Rechtsanwalt, dem nach Charakter, Neigung und Temperament die Rolle des Parteivertreters auf den Leib zugeschnitten ist, hat es insoweit als Anwaltsnotar schwer, seine Neigung und sein Temperament zu zügeln, wenn er als Notar die Betreuung der Beteiligten, sei es bei der Beurkundung, sei es in anderer Weise, aus der Distanz objektiver, neutraler, unparteiischer Betrachtung unter Berücksichtigung verschiedenartiger Interessen mehrerer Beteiligter übernehmen will. Denn Betreuung ist nun einmal etwas anderes als Parteienvertretung, die Interessenvertretung ist« (*Lindheimer*, aaO).

27

Um den »bösen« Schein zu vermeiden, ist der Notar auch gehalten, Äußerlichkeiten bei dem Beurkundungsvorgang zu beachten. Übernimmt er für den Mandanten erkennbar vom Bauträger vorformulierte Verträge, werden die Verträge in den Geschäftsräumen des Bauträgers abgeschlossen oder wird der Vertreter des Bauträgers mit besonderer Konzilianz wegen weiterer zu erwartender Aufträge behandelt, so erzeugt er sicherlich Mißtrauen in der Person des anderen Beteiligten.

28

b) Bestellung des Notars oder seines Sozius zum Testamentsvollstrecker

28a Nach § 7 BeurkG ist eine Beurkundung von Willenserklärungen insoweit unwirksam, als diese darauf gerichtet ist, dem Notar einen rechtlichen Vorteil zu verschaffen. Demnach ist es ihm auch verwehrt, eine Beurkundung vorzunehmen, in der er zum Testamentsvollstrecker bestellt wird (§ 27 BeurkG). Jedoch kann der Erblasser in einem **eigenständigen oder von einem anderen Notar beurkundeten Testament** den Notar, der seinen letzten Willen beurkundet hat, zum Testamentsvollstrecker bestellen (LG Göttingen, DNotZ 1952, 445).

Klauseln in einem notariellen Testament, wonach der Erblasser das Nachlaßgericht »ersucht, nach Möglichkeit den beurkundenden Notar zum Testamentsvollstrecker zu ernennen«, werden im Schrifttum und in der Rechtsprechung überwiegend als zulässig erachtet (LG Göttingen, DNotZ 1952, 445; *Huhn/v. Schuckmann*, § 27, RZ 7; Jansen, Freiwillige Gerichtsbarkeit III; BeurkG § 27, RZ 9; *Haegele/Winkler*, Der Testamentsvollstrecker, 1967, RZ 95; RGRK/*Kregel*, 12. Aufl., § 2200, RZ 3).

Sie dürften auch dienstrechtlich nicht zu beanstanden sein (a. A. HessJM/Mitteilungen der Notarkammer Kassel Heft 1 S. 12), soweit nicht besondere Umstände hinzutreten, die darauf hindeuten, daß die wiederholte Verwendung der Klausel vom Notar selbst initiiert worden ist. Die Auswahl des Testamentsvollstreckers steht nämlich in diesem Fall allein im pflichtgemäßen Ermessen des Nachlaßgerichts; der betreffende Notar kann also nicht sicher sein, mit dieser Aufgabe betraut zu werden. Bei der Ausübung des Ermessens kann das Gericht unter Umständen den Gesichtspunkt berücksichtigen, daß etwa der vorgeschlagene Notar jahrelang als Vertrauensperson den Erblasser rechtlich beraten hat (JM NW, Erlaß vom 14. 4. 1989 – 3831 I C. 29 –; a. A. JM BW, Erlaß vom 4. 7. 1989 – 3830 – II/204: Klauseln der genannten Art sollten vermieden werden, da der Eindruck der Beeinflussung des Notars besteht); ebenso ablehnend: Hess. Min. d. I., da eine Verquickung der Amtstätigkeit mit eigenen wirtschaftlichen Interessen des Notars, nämlich dem Erstreben einer zusätzlichen Vergütungsquelle, verhindert werden müsse, um das Ansehen des Notarstandes, insbesondere hinsichtlich seiner Unabhängigkeit, zu erhalten. Dieser Gedanke überwiege auch bei den Fällen, in denen der beurkundende Notar als Vertrauter des Testators objektiv am ehesten für das Amt des Testamentsvollstreckers geeignet sein mag.

Siehe auch *Weingärtner/Schöttler*, RZ 506 f.

Wirksam, jedoch bedenklich sind notarielle Beurkundungen, in denen der beurkundende Notar mit dem ernannten Testamentsvollstrecker in einer Sozietät verbunden ist (BGH, MittBayNot 1987, 154 NJW RR 1987, 1090 = DNotZ 87, 768, OLG Stuttgart DNotZ 1990, 430; *Mecke/Lerch*, § 7 RZ 6, a. A. OLG Oldenburg, DNotZ 1990, 431 m. Anm. *Reimann*; *Moritz*, NJW 1992, 3215).

5. Anwaltliche Tätigkeit nach vorheriger notarieller Tätigkeit (§ 45 BRAO)

Der Anwaltsnotar darf als Anwalt nicht tätig werden, wenn er in derselben Rechtssache als Notar, Notarvertreter oder Notariatsverweser bereits tätig gewesen war (§ 45 Abs. 1 Ziff. 1 BRAO n.F.). Das Verbot gilt auch, wenn er in dieser Eigenschaft eine Urkunde aufgenommen und deren Rechtsbestand oder Auslegung streitig ist oder die Vollstreckung aus ihr betrieben wird (§ 45 Abs. 1 Ziff. 2 BRAO n.F.). Das Verbot ergibt sich auch aus § 14 BNotO. 29

Der Anwaltsnotar muß sich deshalb bewußt sein, daß ein Verstoß gegen die o. Vorschriften der BRAO zugleich ein Verstoß gegen notarielles Dienstrecht ist.

Das Verbot gilt auch für den in Sozietät oder Bürogemeinschaft verbundenen Anwalt § 45 Nr. 3 BRAO n.F. Außerdem ist ein allgemeiner Grundsatz des anwaltlichen Berufsrechts, daß jeder Sozius seine Tätigkeit in allen Fällen zu versagen hat, in denen auch nur einer der anderen Sozien zur Versagung verpflichtet wäre (*Feuerich*, § 45 RZ 38).

Dies gilt auch im Rahmen **überörtlicher Sozietäten**. Der Rechtsuchende kennt die inneren Strukturen der Sozietät nicht; jeglicher Anschein einer Einflußnahme auf den Sozius muß vermieden werden, siehe oben RZ 21.

Beispiele:
Der Notar hat einen Gütertrennungsvertrag beurkundet. Später soll er einen der Ehepartner im Scheidungsverfahren vertreten.

Er ist gehindert, das Mandat zu übernehmen.

Das Verbot gilt auch, wenn er nur ein »einseitiges« Schuldanerkenntnis zur Unterhaltszahlung beurkundet. Auch das Angebot macht nämlich den anderen zum sachlich Beteiligten (Jansen, BeurkG § 3 RZ 12).

Der Notar, der eine vollstreckbare Urkunde errichtet hat, darf nicht den Auftrag übernehmen, die Vollstreckung aus dieser Urkunde durchzuführen (Huhn/v. Schuckmann, § 3 RZ 39).

Der Notar berät die Gründer einer GmbH und beurkundet einen GmbH-Gesellschaftsvertrag. Es kommt später zu einem Rechtsstreit, in dem es um die Auslegung der errichteten Urkunde und/oder um den Beweis von begleitenden Beratungsgesprächen geht.

Der Anwaltsnotar, der in diesen Beispielen einen der Beteiligten vertritt, verstößt gegen § 45 BRAO.

30 Das ist insbesondere bedeutsam, wenn er im Prozeß auftritt.

Die ihm erteilte Prozeßvollmacht verstößt gegen das Gesetz und sei deshalb – so OLG Köln (Anwaltsblatt 1980, 71) und OLG Hamm, 5. Senat, Urteil vom 21. 9. 1987, DNotZ 1989, 632; a. A. OLG Hamm, 17. Senat, DNotZ 1989, 634 – nichtig. Das wiederum bedeute: mangelnde Postulationsfähigkeit des Anwalts, eine unverzichtbare Verfahrensvoraussetzung i. S. d. § 295 Abs. 2 ZPO, so daß schon überhaupt eine wirksame Klageerhebung nicht vorliege.

In dem vom 5. Senat des OLG Hamm entschiedenen Fall zeigte deshalb während des Prozesses ein neuer Anwalt die Aufnahme des Mandanten an. Hierin sah das Gericht jedoch keine (konkludente) »Genehmigung der bisherigen Prozeßführung«, die nachträglich zu einer »Heilung« der unwirksamen Klageerhebung führen könnte (§ 295 Abs. 1 ZPO), zumal nach allgemeinen Grundsätzen nichtige Geschäfte eben gerade nicht »schwebend unwirksam« und damit auch nicht nach § 184 BGB genehmigt werden können. Die Rechtslage – so der 5. Senat – sei auch nicht entsprechend § 89 Abs. 1 Satz 2, Abs. 2 ZPO zu behandeln; der Zweck der zwingenden öffentlich-rechtlichen, dem öffentlichen Interesse dienenden Vorschrift des § 45 Nr. 4 BRAO a.F. würde sonst unterlaufen.

Der Ansicht des 5. Senats kann nicht zugestimmt werden; denn die Prozeßvollmacht des Prozeßbevollmächtigten ist von dem zugrundeliegenden Geschäftsbesorgungsvertrag unabhängig. Mögliche Fehler des Grundgeschäfts schlagen – wie der 15. Senat des OLG Hamm zutreffend ausführt – auf die Prozeßvollmacht nicht durch, diese ist vielmehr nur dann unwirksam, wenn dies aus den Regeln des ZPO folgt (allg. M.: BGH NJW 1993, 1926; OLG Köln, DR 1974, 310; *Zöller/Vollkommer,* RZ 5 in Vorbem. zu § 78 ZPO und RZ 20 u. 22 zu § 78 ZPO; *Baum-*

bach/Lauterbach/Hartmann, Anm. 2 B in Übersicht vor § 78 ZPO).
Die Prozeßvoraussetzungen der Postulationsfähigkeit und der wirksamen Prozeßvollmacht sollen allein von äußeren Tatsachen abhängen und somit schnell und ohne Beweisbedürftigkeit geklärt werden können. Allerdings kann der Prozeßbevollmächtigte, wenn er im Termin auftritt, obwohl er damit gegen ein gesetzliches Verbot verstößt, ggf. vom Gericht zurückgewiesen werden (OLG Hamm, DNotZ 1989, 634).

Weitere Beispiele: **31**
Ein Notar hat einen Grundstückskaufvertrag beurkundet. Später kommt es zum Rechtsstreit, weil die Käufer den Kaufpreis nicht zahlen.
Ein unmittelbares Vertretungsverbot des Anwalts ergibt sich nicht aus § 45 BRAO, wohl aber aus § 14 BNotO.
Der Anwaltsnotar hat als Notar einen Urkundsentwurf gefertigt. Die Beurkundung wird jedoch von einem anderen Notar vorgenommen. Später kommt es zu Auslegungsstreitigkeiten. Einer der Beteiligten beauftragt den Anwaltsnotar, der den Entwurf gefertigt hat, mit seiner Interessenvertretung.

Das OLG Hamm (JurBüro 1976, 1703) hält im letzten Fall § 45 BRAO für nicht anwendbar. Nach dem Wortlaut der Vorschrift ist das zutreffend; i. d. R. dürfte jedoch in solchen Fällen § 14 BNotO auch einer anwaltlichen Tätigkeit des Anwaltsnotars entgegenstehen (*Huhn/v. Schuckmann*, § 3 RZ 42; offengelassen: *Jessnitzer/Blumberg*, § 215 RZ 6), denn er wird auch hier im Streit um eine Urkunde tätig. Auch was im Einzelfall in der Gesetzeslücke noch zulässig sein mag, kann aufs Ganze gesehen schädlichen Prestigeverlust bewirken (*Huhn/v. Schuckmann*, aaO).

Weiteres Beispiel:
Der Notar beurkundet eine Vollmachtserklärung des A für B. Später widerruft er im Auftrage des A die Vollmacht.

Der Widerruf ist eine unzulässige Anwaltstätigkeit, da B als Empfänger der Vollmachtserklärung auch Beteiligter des Urkundsgeschäfts war.

Weiteres Beispiel:
A hat vor dem Notar ein öffentliches Testament durch Übergabe einer offenen Schrift errichtet. § 45 BRAO verbietet ihm, später in dieser Angelegenheit anwaltlich tätig zu werden.

Zwar hat der Notar nicht den Wortlaut der Erklärung beurkundet. Er hat aber durch seine notarielle Tätigkeit bewirkt, daß das privatschriftlich niedergelegte Testament die Bedeutung eines öffentlichen Testaments erlangt (§ 2232 BGB), und damit an der »Aufnahme« einer Urkunde mitgewirkt (*Feuerich*, § 45 RZ 40).

Abwandlung:
A hat seine letztwillige Verfügung durch Übergabe einer verschlossenen Schrift an den Notar errichtet.

Hier hat der Notar keinerlei Prüfungs- oder Einwirkungsmöglichkeiten auf den Inhalt der Schrift; er kann also später als Anwalt in dieser Angelegenheit tätig werden (Jessnitzer/Blumberg, § 45 RZ 6).

Entsprechendes gilt, wenn der Notar lediglich die **Beglaubigung einer Unterschrift** vornimmt und die Ordnungsgewißheit der Beglaubigung nicht in Frage gestellt wird. Hier darf er später anwaltlich tätig werden.

Anders, wenn er auf Ersuchen des unmittelbar oder materiell-rechtlichen Beteiligten den **Entwurf** gefertigt hat. Hier ist er gemäß § 24 BNotO tätig geworden und darf keinen Beteiligten gegen den anderen als Rechtsanwalt vertreten (*Hartstang*, S. 190).

Siehe auch die umfangreiche Aufzählung bei *Hartstang*, S. 189 f.

b) Zusammenfassung

32 Im Informationsblatt der Rechtsanwalts- und Notarkammer für den OLG-Bezirk Hamm 3/83 sind klassische Fälle mit anwaltlicher Berührung nach vorausgegangener notarieller Tätigkeit – nicht abschließend, aber immer noch aktuell – zusammengefaßt worden, in denen der Anwaltsnotar nicht tätig werden darf (siehe auch *Weingärtner/Schöttler*, RZ 531 b):

Vertretung in Ehesachen nach vorab protokollierter Regelung, unabhängig davon, ob dies in einer Verhandlung oder mit Angebot und Annahme durch einen dritten Notar erfolgt.

Der Notar verteidigt einen Beteiligten aus zuvor getätigten notariellen Akten, wobei Gegenstand des Strafverfahrens der Schutz des Eigentums eines am Amtsgeschäft Beteiligten gegen einen anderen Beteiligten ist.

Der Notar nimmt Vollstreckung aus einer von ihm aufgenommenen vollstreckbaren Urkunde vor (DNotZ 1963, 251; *Seybold/Hornig*, § 16 RZ 50; siehe auch *Weingärtner/Schöttler*, RZ 420 b).

Der Anwaltsnotar, der Verfügungen von Todes wegen beurkundet hat, vertritt Ansprüche von gesetzlichen Erben, Vermächtnisnehmern und Pflichtteilsberechtigten.

Der Anwaltsnotar vertritt einen der Beteiligten in der Geltendmachung von nachträglich entstandenen Einwendungen gegen seine Urkunde wie Erlaß, Aufrechnung, Stundung (*Seybold/Hornig*, § 16 RZ 50).

Der Notar hat Aufträge zur Beurkundung von Gesellschaftsverträgen, erbrechtlichen Regelungen, kindschaftsrechtlichen Vorgängen erhalten, ohne daß es zur Beurkundung kommt; während der Vorbereitung ergibt sich Streit unter den Parteien. Vertritt er anschließend einen der Beteiligten anwaltlich, so handelt er gegen seine Notarpflichten. Ausführliche Aufzählung bei *Hartstang*, S. 189 f.

Auch bei Amtshandlungen besonderer Art, insbesondere bei **Verwahrungsgeschäften,** aus denen sich nachträglich Streit zwischen den Beteiligten ergibt, darf der Notar nicht für die eine oder andere Partei tätig sein.

So darf z. B. der Notar nicht den einen Vertragspartner im Auftrage des anderen durch Mahnung in Verzug setzen, siehe unten RZ 179.

IV. Wiederkehrende Fehler bei der Führung der Bücher

1. Generalakte (§ 22 DONot)

Hier sei darauf hingewiesen, daß nach § 6 DONot i. V. m. § 1 des Ver- **33**
pflichtungsgesetzes vom 2. 3. 1974 (BGBl. I S. 469, 547), geändert durch
§ 1 Nr. 4 des Gesetzes vom 15. 8. 1977 (BGBl. I S. 1942), die Niederschrift über die Belehrung der beschäftigten Personen in der Generalakte aufzubewahren ist. Die Niederschriften müssen die Unterschrift der
Belehrten und des Notars enthalten.

Muster: *Weingärtner/Schöttler*, RZ 97; *Weingärtner*, Notarrecht, Ord.-Nr. 120.

Fehlt die Unterschrift des Notars, spricht eine gewisse Vermutung dafür, daß eine echte Belehrung überhaupt nicht erfolgt ist.

Bei Sozietäten oder Bürogemeinschaften genügt eine einmalige Ver- **34**
pflichtung durch einen Notar (§ 6 Abs. 2 DONot). Dieser nimmt die
Belehrung zu seinen Generalakten. Die übrigen Notare sollten jedoch
entweder eine Abschrift der Belehrung oder einen entsprechenden Vermerk zu ihrer Generalakte nehmen; nur so ist gewährleistet, daß jeder
Notar sich darüber vergewissert, ob und wie die Belehrung vorgenommen worden ist und daß sich bei fehlender Belehrung nicht jeweils der
eine Notar auf den anderen zu seiner Entlastung berufen kann (*Wein-
gärtner/Schöttler*, RZ 101).
   In der Generalakte sind auch die Durchschriften der Meldungen über
Beurkundungen außerhalb des Amtsbereichs abzuheften, sofern die landesrechtlichen AVNots – z. B. § 3 Abs. 2 AVNot NW – dieses vor-
schreiben (siehe unten RZ 60 f.).
   Die Meldung an den Datenschutzbeauftragten ist in der Generalakte
festzuhalten, vgl. *Weingärtner/Schöttler*, RZ 101 a.
   Im übrigen gehören Mitteilungen der Aufsichtsbehörde, Prüfungsbe-
richte usw. zu den Generalakten (§ 22 DONot).

2. Urkundenrolle (§§ 7 ff. DONot)

35 In der Regel wird die Urkundenrolle nicht persönlich vom Notar, sondern von dessen Mitarbeitern geführt. Verantwortlich ist jedoch der Notar. Er hat durch Stichproben die ordnungsgemäße Führung der Bücher zu prüfen.

Anlaß zu Beanstandungen geben immer wieder folgende Punkte:

36 a) **Ordnungsgemäße Ausfüllung des Titelblattes,** § 7 I DONot. Häufig fehlen Datum, Unterschrift des Notars und/oder der Abdruck des Amtssiegels.

37 b) Wird die Urkundenrolle nach § 14 in **Loseblattform** geführt, können die für das Titelblatt vorgeschriebenen Feststellungen nicht sofort getroffen werden. Nach Ablauf des Kalenderjahres sind die Einlageblätter mit Schnur und Siegel zu verbinden und fest einzubinden (§ 14 Abs. 1 Satz 5 DONot). Dann muß auch das Titelblatt vollständig ausgefüllt werden.

38 c) Der **Notarvertreter** führt die Urkundenrolle des vertretenen Notars in der üblichen Weise weiter. Lediglich der Beginn und das Ende der Vertretung sind in der Urkundenrolle einzutragen (§ 34 Abs. 3 DONot). Die Vermerke sind mit Datum und Unterschrift zu versehen. Sie sollten etwa wie folgt lauten:

»Am 1. 1. 1995 habe ich die Amtsgeschäfte des Notars Clemen als dessen Vertreter übernommen.
Dortmund, den 1. 1. 1995
Tegenthoff, Notarvertreter«

»Am 16. 2. 1995 habe ich die Amtsgeschäfte wieder übernommen.
Dortmund, den 16. 2. 1995
Clemen, Notar.«

Der Vermerk ist auch erforderlich, wenn keine Urkundsgeschäfte getätigt worden sind (§ 34 Abs. 3 DONot). Das Verwahrungs- und Massenbuch ist in der üblichen Weise weiterzuführen. Ein Vertretervermerk ist nicht erforderlich.

39 d) **Amtliches Muster** für Eintragungen in der Urkundenrolle siehe im Anhang.

e) Bei einer größeren Zahl von Beteiligten genügt eine zusammenfassen- 40
de Bezeichnung, z. B. »Erbengemeinschaft nach Friedrich E«, siehe amtliches Muster Nr. 2 im Anhang, § 9 II 3 DONot.

f) Wird ein **Beteiligter vertreten,** ist gem. § 9 Abs. 2 DONot in Spalte 3 41
des Registers nur der Vertretene einzutragen. Dies gilt auch bei bloßen
Unterschriftsbeglaubigungen (streitig, siehe *Weingärtner/Schöttler,* RZ
131). Dieser wird auch in das alphabetische Namensverzeichnis aufgenommen.

Bei Unterschriftsbeglaubigungen und sonstigen Urkunden, die weder
in Urschrift noch in Abschrift bei dem Notar verbleiben – ausgenommen Verfügungen von Todes wegen –, kann von der Aufnahme der Beteiligten in das Namensverzeichnis abgesehen werden (§ 9 II 4 DONot).

g) Der **Geschäftsgegenstand** ist stichwortartig, aber **präzise** anzugeben. 42
Zu vermeiden sind farblose Angaben wie:

»Vertrag«, »Kaufvertrag«, »Vertragsangebot«, »Vertragsannahme«, »Beurkundung«, »Vereinbarung«.

Bei Geschäften, die – wie vielfach bei Grundstücksveräußerungen –
aus einem schuldrechtlichen und einem dinglichen Teil bestehen, sind
beide Teile des Geschäftes anzugeben, z. B. »**Grundstückskaufvertrag
und Auflassung«, «,»Grundschuldbestellung und Schuldanerkenntnis«,** siehe amtliches Muster Nr. 2 im Anhang.

Unterschriftsbeglaubigungen ohne Entwurf sind nur als »Unterschriftsbeglaubigung« zu bezeichnen, siehe amtliches Muster Nr. 2.

Hat der Notar bei einer **Unterschriftsbeglaubigung** auch den **Entwurf** 43
der Urkunde gefertigt, ist in Spalte 4 dreierlei festzuhalten, nämlich:
– **die Bezeichnung des Geschäftsgegenstandes** (z. B. Löschungsbewil-
  ligung),
– **Entwurf und Unterschriftsbeglaubigung.**
§ 8 DONot i. V. m. dem amtlichen Muster 2 (siehe *Weingärtner/
Schöttler,* RZ 137).

Bei Durchsicht der beglaubigten Ablichtungen/Abschriften fällt sehr häufig auf, daß die 43a
Vermerke über die Unterschriftsbeglaubigung keinen Abdruck des Amtssiegels bzw. keinen Vermerk »L. S.« enthalten, obgleich dies Wirksamkeitsvoraussetzung der Unterschriftsbeglaubigung ist (s. *Weingärtner/Schöttler,* RZ 258 a). Dies liegt i. d. R. daran, daß
die Ablichtungen vor Siegelung gemacht oder der Vermerk »L. S.« vergessen wird.

44 h) Wird der Inhalt einer in der Urkundensammlung befindlichen Urkunde später durch eine andere Urkunde **berichtigt, aufgehoben, geändert oder ergänzt**, ist dies jeweils wechselseitig in Spalte 5 zu vermerken (§ 9 Abs. 3 Satz 2 DONot). Vergessen wird in der Regel der **Vermerk bei der älteren Urkunde**. Wird die Urkundenrolle per EDV-Anlage geführt, muß der Notar notgedrungen zum althergebrachten Schreibmaterial greifen, um den Vermerk anzubringen. Nur durch wechselseitige Hinweise ist gewährleistet, daß bei einem späteren Heraussuchen der Haupturkunde anhand der Urkundenrolle nicht übersehen wird, daß der Inhalt der Urkunde ganz oder teilweise abgeändert oder ergänzt worden ist.

Beispiel:
Unter Urkunde 1/93 ist ein Grundstückskaufvertrag beurkundet. Der Fälligkeitstermin des Kaufpreises wird später in Urkunde 7/93 hinausgeschoben. In Spalte 5 ist bei Urkunde 1/93 einzutragen:

»Geändert durch Urkunde 7/93«

und bei Urkunde 7/93 in Spalte 5

vergleiche Nr. 1/93«.

45 Um die wechselseitige Zusammengehörigkeit der Urkunden zu sichern, bestimmt die DONot gleichzeitig, daß auch auf den Urkunden selbst die wechselseitigen Hinweise eingetragen werden, also z. B. muß auf Urkunde 1/83 vermerkt werden:

»geändert durch Urkunde Nr. 7/93«.

Dieser Vermerk ist in die späteren Ausfertigungen und Abschriften der Haupturkunde zu übernehmen (*Weingärtner/Schöttler*, RZ 298 a).

Der Notar läuft sonst Gefahr, dafür zu haften, wenn er infolge des fehlenden Vermerks eine spätere Änderung übersieht (BGH, WM 1986, 197; DNotZ 1986, 415).

Möglich ist auch, die später errichtete Urkunde bei der früheren aufzubewahren (§ 19 Abs. 3 DONot).

Gleichwohl sollte m. E. in Spalte 5 zu der geänderten Urkunde der Änderungsvermerk eingetragen werden, um sicherzustellen, daß bei einer evtl. späteren Trennung der Urkunden der dann jedenfalls erforderliche Hinweis nicht versehentlich unterbleibt. Dies gilt insbesondere dann, wenn die Urkunden äußerlich nicht fest verbunden werden. Das amtliche Muster sieht dies allerdings nicht vor.

In Spalte 5 des Registers ist in jedem Fall unter der späteren Urkunde der entsprechende Vermerk: »verwahrt bei Nr. . . . .« einzutragen, siehe amtliches Muster Nr. 7 (Weingärtner/Schöttler, RZ 140).

In das nach § 16 Abs. 4 DONot zu führende **Erbvertragsverzeichnis** **46** sind **nur** die Erbverträge und die sonstigen in § 16 Abs. 2 aufgeführten Urkunden einzutragen, die in der Verwahrung des Notars bleiben, nicht die, die sofort an das Amtsgericht abgeliefert werden.

Das Erbvertragsverzeichnis ist am Jahresende auf nicht eröffnete **Erbverträge durchzusehen**, die wegen Zeitablaufs nach § 16 Abs. 2 Satz 4 DONot zu behandeln sind (siehe *Weingärtner/Schöttler, RZ 241*). Damit soll verhindert werden, daß Verfügungen von Todes wegen für immer oder über den Erbfall hinaus uneröffnet in amtlicher Verwahrung bleiben.

Bei der Durchsicht der Liste sollte der Notar deshalb auf das Alter der Beteiligten achten. Es sind Fälle bekannt geworden, in denen die Beteiligten bereits vor mehreren Jahren verstorben, falsche Erbscheine erteilt und Grundstücke mehrfach belastet oder bereits an andere Personen übertragen worden waren. § 16 Abs. 4 S. lautet in der demnächst geltenden Fassung daher auch: Der Notar hat die vorgenommene Durchsicht durch einen unterzeichneten Vermerk zu bestätigen.

3. Notaranderkontenliste (§ 11 Abs. 5 DONot)

Die Anderkontenliste ist ein Verzeichnis der Kreditinstitute, bei denen **47** der Notar Anderkonten oder Anderdepots eingerichtet hat. Das Verzeichnis kann auch als Kartei geführt werden. Es ist als Anlage zum Massenbuch (Massenkartei) zu nehmen und mit diesem aufzubewahren. Nach der Änderung der Dienstordnung im Jahre 1985 sind gem. § 11 Abs. 5 auch der Beginn und die Beendigung eines jeden Verwahrungsgeschäftes anzugeben. Muster: *Weingärtner*, Notarrecht, Ord.-Nr. 112.

Nach Abwicklung einer hinterlegten Masse sind die sie betreffenden Angaben **mit Rotstift durchzustreichen**.

Die Regelung soll der Dienstaufsicht eine bessere Kontrolle der Verwahrungsgeschäfte ermöglichen. Vorausgesetzt ist allerdings, daß der ungetreue Notar auch zusätzlich noch so dumm ist, daß er die Anderkontenliste gewissenhaft führt, um seine Unkorrektheiten auch deutlich genug zu demonstrieren.

4. Urkundensammlung

48 a) Die Urkunden sind *möglichst bald* zur Urkundensammlung zu nehmen. Zwar kann nicht verlangt werden, daß die Urkunde sofort zur Sammlung gebracht wird. In der Regel wird mit der Beurkundung noch die weitere Abwicklung der Angelegenheit verbunden sein (Mitteilungspflichten, Bescheinigungen, Einholen von Genehmigungen usw.). Es würde den praktischen Bedürfnissen des notariellen Dienstbetriebes nicht entsprechen, wenn die Urkunde wegen jedes einzelnen Arbeitsganges der Urkundensammlung entnommen und wieder eingefügt werden müßte. Es wird jedoch zu verlangen sein, die Urkunden zur Sammlung zu nehmen, sobald der Erledigungsstand der Angelegenheit dies ohne Erschwerung zuläßt (JM Nds. im Mitteilungsblatt der Rechtsanwalts- und Notarkammer Celle 1966, 4 und Erlaß des JM NW vom 10. 1. 1972).

49 b) Die strikte Einhaltung der Nummernfolge kann im Einzelfall unzweckmäßig sein, wenn Urkunden, die zu verschiedenen Zeiten errichtet worden sind, sachlich zusammengehören, z. B. wenn eine frühere Urkunde ergänzt oder berichtigt worden ist oder wenn die Auflassung zu einem Grundstückskaufvertrag etwa nach einem halben Jahr beurkundet wird. § 19 Abs. 3 DONot läßt daher zu, daß Urkunden, die frühere Urkunden berichtigen, ändern, ergänzen oder aufheben, bei der »Haupturkunde« verwahrt werden. Sie sind dann nach § 19 Abs. 5 DONot an die Haupturkunde anzukleben oder nach § 29 DONot beizuheften. Sie können dann in die Ausfertigungen und Abschriften der Haupturkunde aufgenommen werden.

Werden sie nicht zusammengeheftet, soll auf der Haupturkunde ein Hinweis auf die spätere Urkunde erfolgen, z. B. »geändert durch Urk. Nr. 91/81« (§ 19 Abs. 2 DONot).

Dieser Vermerk ist in die späteren Ausfertigungen und Abschriften der Haupturkunde zu übernehmen. Der Notar läuft sonst Gefahr, dafür zu haften, wenn er infolge des fehlenden Vermerkes eine spätere Änderung übersieht (BGH, WM 1986, 197; DNotZ 1986, 418).

c) Ebenfalls bei der Haupturkunde können die Urkunden verwahrt wer- 50
den, die ihrem Inhalt nach mit anderen in der Urkundensammlung befindlichen Urkunden derartig zusammenhängen, daß sie ohne diese von
den Beteiligten in zweckdienlicher Weise nicht verwendet werden können, wie z. B. Vertragsannahme-, Auflassungs- oder Genehmigungserklärungen (§ 19 Abs. 3 DONot).

Nicht vorgeschrieben – aber vielfach aus Zweckmäßigkeitsgründen so
gehandhabt – ist, daß der Notar unter der Nummer der Nachtragsur-
kunde, die bei der Haupturkunde aufbewahrt wird, ein Blatt mit der
Aufschrift »verwahrt bei Urk. Nr. . . .« in die Sammlung legt. Das ist
insbesondere für den Fall sinnvoll, daß entgegen der Vorschrift des § 9
Abs. 3 DONot versehentlich der wechselseitige Hinweis in die Urkundenrolle nicht erfolgt ist.

d) Nach § 19 Abs. 4 DONot können – wenn die Beteiligten nichts ande- 51
res bestimmen – mit den Urschriften auch *sonstige Urkunden* in Urschrift oder beglaubigter Abschrift verbunden werden, die für die
Rechtswirksamkeit oder die Durchführung des beurkundenden Rechts-
vorganges bedeutsam sind (und zwar unabhängig davon, ob sie vor dem
Notar errichtet worden sind oder nicht).

e) Auf Wunsch des Erblassers oder der Vertragschließenden soll der 52
Notar beglaubigte Abschriften der Verfügung von Todes wegen zurück-
behalten, § 16 Abs. 1 Satz 3 DONot. Wegen des Geheimhaltungsinter-
esses der Testierenden erscheint es angebracht, diesen Wunsch der Beteiligten in der Urkunde zu vermerken. Die Abschriften sollen – obwohl
dies nicht ausdrücklich vorgeschrieben ist – in einem verschlossenen
Umschlag aufbewahrt werden. Die Abschriften sind zu den Akten zu
nehmen, entweder mit dem Vermerkblatt zur Urkundensammlung (§ 19
DONot) oder zu den Nebenakten (§ 21 DONot).

(Weitere Einzelheiten und Muster siehe *Weingärtner/Schöttler*, RZ 154).

5. Massen- und Verwahrungsbuch

Hier soll nur auf einige Punkte hingewiesen werden: 53

a) Jede **Einzahlung** und jede **Ausgabe** muß **am Tage** des Eingangs oder
der Ausgabe sowohl in das Verwahrungs- als auch in das Massenbuch

eingetragen werden. Der Notar kann sich nicht zur Entschuldigung verspäteter Eintragungen auf Personalschwierigkeiten berufen.

b) Erhält der Notar einen **Scheck**, hat er ihn ebenfalls sofort einzutragen und nicht erst, wenn der Betrag auf dem Anderkonto gutgeschrieben worden ist. Stellt sich heraus, daß der Scheck ungedeckt ist, wird er auf der Ausgabenseite als Ausgabe aufgeführt.

Auszahlungen sind bereits mit Hingabe des Schecks zu buchen und nicht erst, wenn das Konto belastet wird.

Bei **bargeldlosem** Zahlungsverkehr ist spätestens am Tage des Eingangs des Kontoauszuges einzutragen, und zwar nicht unter dem Wertstellungsdatum, **sondern unter dem Datum des Eingangs des Kontoauszuges** § 13 I 2 DONot. Steht die Einzahlung bereits vorher zuverlässig fest, kann die Buchung bereits vorher unter dem Tagesdatum erfolgen (streitig, siehe *Huhn/v. Schuckmann*, § 13 DONot, RZ 7, *Weingärtner/Schöttler*, RZ 196).

54 c) Zinsgutschriften, Zinsabschlagsteuer und Bankkosten sind einzeln zu buchen; es darf nicht lediglich der Saldo festgehalten werden.

Somit hinsichtlich der Zinsen auf dem Kontoauszug der Bank nur der Saldo erscheint, ist dieser in die Bücher zu übernehmen; sofern die Bank den vollen Zinsbetrag gutgeschrieben und die Zinsabschlagsteuer dann gesondert abgebucht wird, sind beide Buchungen in den Büchern festzuhalten. Nur auf diese Weise ist eine Übereinstimmung zwischen den Kontoauszügen der Bank und den notariellen Büchern gegeben und nachzuvollziehen.

Bei Jahresschluß wird die Zinsen- und Spesenabrechnung für das alte Jahr verbucht, soweit die Belege noch im alten Jahr zugegangen sind. Zinsen und Spesen, deren Kontobelege dem Notar erst im neuen Jahr zugehen, werden auch erst im neuen Jahr eingetragen (*Weingärtner/Schöttler*, RZ 196, 202; a. A. *Huhn/v. Schuckmann*, § 13 DONot RZ 10).

54a d) Die von den Kreditinstituten erteilten Bescheinigungen über einbehaltene **Zinsabschlagsteuer** stellen ein Wertpapier i. S. der DONot dar. Dieses Wertpapier ist Teil der Verwahrungsmasse. Wegen der Vorschriften zur buchmäßigen vollständigen Erfassung aller Hinterlegungsgeschäfte müßte es im Verwahrungs- und Massebuch (bzw. Kartei) verbucht werden, wird aus Zweckmäßigkeitsgründen aber nicht verlangt.

Der Eingang der Bescheinigung über den Steuerabzug ist bei der Einnahme unter Spalte 5 mit dem Nennbetrag der abgeführten Steuer zu verbuchen und bei Herausgabe der Bescheinigung ebenfalls unter Spalte 5 bei den Ausgaben.

e) Wenn Gelder im Einverständnis der Beteiligten auf ein **Festgeldkonto** gebucht werden, so ist die Geldbewegung zwischen dem Anderkonto und dem Festgeldkonto nicht in den Büchern zu erfassen; es sind lediglich die Kontoauszüge und Überweisungsträger beider Konten zur Belegsammlung zu nehmen. Die Nummer des Festgeldkontos muß aber im Massenbuch in der stichwortartigen Bezeichnung der Masse vermerkt werden. Die Zinsgutschriften sind selbstverständlich unverzüglich als Einnahme in den Büchern einzutragen.   55

Zur Frage, wann Fremdgelder als Festgeld anzulegen sind, siehe unten RZ 163.

6. Nebenakten bei Verwahrungsgeschäften

Nach § 21 DONot hat der Notar für jedes Verwahrungsgeschäft eine **gesonderte Blattsammlung** zu führen.   56

Diese Sammlung läuft neben der normalen Handakte. Bei einem Grundstückskaufvertrag, verbunden mit einem Verwahrungsgeschäft, müssen also zwei Blattsammlungen geführt werden. Dies ist für den Notar sicherlich unrationell; Zweck ist die schnellere Überprüfung der Abwicklung des Verwahrungsgeschäftes durch die Dienstaufsicht.

Die beiden Blattsammlungen können selbstverständlich in einem Ordner – jedoch inhaltlich getrennt – zusammengefaßt werden.

Zur gesonderten Blattsammlung gehören insbesondere die Hinterlegungsanweisung (§ 11 Abs. 1 DONot) oder eine **beglaubigte** Abschrift derselben sowie die **Belege** über die Ein- und Ausgaben (letztere mit der Ausführungsbestätigung der Bank, s. unten RZ 185) – versehen mit der Nummer der Masse (§ 13 Abs. 5 DONot) – und die korrespondierenden **Bankauszüge**.   57

Die gesonderte Blattsammlung enthält also alle Unterlagen, die die unmittelbare Abwicklung des Verwahrungsgeschäftes berühren. Sie sieht also im Regelfall wie folgt aus:

Die **Hinterlegungsanweisung** mit Annahmevermerk oder eine beglaubigte Abschrift der notariellen Niederschrift, die die Hinterlegungsanweisung zum Gegenstand hat.

Gutschriftanzeige des das Anderkonto führenden Kreditinstituts mit dem Kontoauszug, der die entsprechende Gutschrift auf dem Anderkonto erkennen läßt.

Durchschrift des Überweisungsträgers mit der Ausführungsbestätigung des Kreditinstituts nach § 13 Abs. 4 DONot und dem Kontoauszug, der die entsprechende Belastung des Anderkontos erkennen läßt.

In die Sammlung gehören auch die **Treuhandaufträge der Banken** usw.

58 In diesem Zusammenhang ist darauf hinzuweisen, daß aus den Akten des Notars erkennbar sein muß, daß er den Treuhandauftrag **persönlich geprüft und angenommen** hat. Dies kann dadurch geschehen, daß er unter Angabe des Datums seine Unterschrift auf das Schriftstück setzt. Im übrigen siehe unten RZ 132 (siehe hierzu auch *Weingärtner/Schöttler*, RZ 326).

59 Nach § 21 Abs. 3 DONot können die Nebenakten nach sieben Jahren vernichtet werden. Ausgenommen sind die nach § 16 Abs. 1 Satz 3 DONot zurückbehaltenen Abschriften von Verfügungen von Todes wegen und die nach § 25 Abs. 2 Satz 1 BBNotO verwahrten Erbverträge (§ 2232). Die Frist beginnt mit dem Zeitpunkt, in welchem die Nebenakten abgeschlossen worden sind.

Die Akten müssen allerdings nicht nach Ablauf dieser Frist vernichtet werden. Unter Umständen kann es zweckmäßig sein, sie länger zu verwahren, evtl. dann auf Mikrofilm.

Bestimmen andere Rechtsvorschriften, daß bestimmte Schriftstücke länger aufzubewahren sind, so gehen diese Fristen vor.

Bei der Vernichtung der Akten muß gewährleistet sein, daß keinem Unbefugten Einsicht gestattet wird.

V. Formale Mängel

1. Beurkundungen außerhalb des Amtsbezirkes

Außerhalb seines **Amtsbezirkes** darf der Notar nur Urkundstätigkeiten   60
vornehmen, wenn **Gefahr im Verzuge** ist oder die **Aufsichtsbehörde es
genehmigt** (§ 11 Abs. 2 BNotO). Amtsbezirk des Notars ist der Oberlandesgerichtsbezirk, in dem er seinen Amtssitz hat. Die gleichwohl außerhalb des Amtsbezirkes vorgenommene Beurkundung ist zwar nicht
unwirksam (§ 2 BeurkG), sie kann aber zu Aufsichtsmaßnahmen Anlaß
geben.

Zuständig für die Genehmigung ist der Präsident des für den Notar
zuständigen Oberlandesgerichts. Dieser soll sich mit dem Präsidenten
des Oberlandesgerichtsbezirks in Verbindung setzen, in dessen Bezirk
die Urkundstätigkeit vorgenommen werden soll (so z. B. § 32 Ziff. 3
AVNot NW).

Hat ein Notar bei Gefahr im Verzuge Urkundstätigkeit außerhalb seines   60a
Amtsbezirks ohne Genehmigung der Aufsichtsbehörde vorgenommen,
hat er hiervon unverzüglich den Präsidenten und die Notarkammer zu
benachrichtigen, sofern die landesrechtlichen Ausführungsverordnun-
gen dies verlangen, siehe z. B. § 32 Ziff. 3 Abs. 2 AVNot NW. Außerdem sollte eine Abschrift der Meldung zu den Generalakten genommen
werden.

Darüber hinaus ist dem Notar auch grundsätzlich nicht gestattet, außer-   61
halb des Amtsbereichs (i. d. R. der Amtsgerichtsbezirk), wenn auch innerhalb des Oberlandesgerichtsbezirks, Urkundstätigkeiten vorzunehmen, sofern nicht besondere berechtigte Interessen der Rechtsuchenden
ein Tätigwerden außerhalb des Amtsbereichs rechtfertigen (§ 10 a Abs. 2
BNotO)[1]; vgl. *Mecke*, NJW 1992, 3139.[2]

---

1 Unbedeutend für die neuen Bundesländer, denn §§ 10, 11 NotVO verzichten auf den Amtsbereich;
sie begrenzen den Tätigkeitsbezirk des Notars auf den Bereich des sog. Amtsbezirks, der räumlich
mit dem Gebiet des Bezirksgerichts identisch und damit größer als der Amtsbereich nach § 10 a
BNotO ist, aber kleiner als der Oberlandesgerichtsbezirk nach § 11 BNotO.

Nach § 10 a Abs. 3 BNotO kann die Aufsichtsbehörde dem Notar auferlegen, **Urkundstätigkeiten außerhalb seines Amtsbereichs der Notarkammer mitzuteilen**[3]. Hierdurch sollen nach der gesetzgeberischen Vorstellung Mißbräuche verhindert werden können.

Ausführliche Bestimmungen enthalten die Grundsätze zur Auswärtsbeurkundung, aufgestellt vom Präsidenten des OLG Hamm und dem Vorstand der Notarkammer Hamm.

61a Zu beachten ist, daß dem Notar nur eine auswärtige **Urkundstätigkeit** i. S. der §§ 20–22 a BNotO verboten wird. Auch der § 11 Abs. 2 BNotO, in dem früher von Amtshandlungen die Rede war, ist sprachlich angepaßt worden, so daß auch außerhalb des Oberlandesgerichtsbezirks künftig nur ein Verbot der **Urkundstätigkeit** besteht. Dem Notar ist es deshalb – soweit nicht § 5 Abs. 2 DONot entgegensteht – nicht verwehrt, auch außerhalb des Amtsgerichts- bzw. Oberlandesgerichtsbezirks Urkundsbeteiligte zu beraten und Urkundsentwürfe zu fertigen (§ 24 BBNotO).

61b § 5 Abs. 2 DONot besagt, daß die **Amtstätigkeit außerhalb des Büros** nur dann zulässig ist, wenn sie entgegen der Regel als notwendig und durch triftige Gründe gerechtfertigt erscheint (OLG Köln, DNotZ 1981, 648 f.). Gefahr im Verzug, Krankheit, Bettlägerigkeit, Gehbehinderung, Unabkömmlichkeit können berechtigte Gründe sein, u. U. auch weite Anfahrtswege, wenn die Zahl der Beteiligten groß ist und dem Notar eher zugemutet werden kann, zu den Beteiligten zu fahren, als umgekehrt.

Ausführlich hierzu: *Weingärtner/Schöttler*, RZ 81 mit Grundsätzen der Notarkammern Celle Erlasse des PräOLG vom 31. 3. 93/4. 8. 94 und Frankfurt/M. vom 6. 11.91, siehe auch: **Grundsätze zur Auswärtsbeurkundung im OLG-Bezirk Hamm**, abgedruckt in *Weingärtner*, Notarrecht, Ord.Nr. 115.

---

2 Streitig, ob § 8 RLNot auch vor Inkrafttreten des § 10 a BNotO die Auswärtsbeurkundung verbot (ja: OLG Köln, BNotZ 1988, 648, Verfassungsbeschwerde hiergegen nicht angenommen: BNotZ 1993, 748; Nein: OLG Frankfurt – 2 Not 29/92 – Anwaltsblatt 1994, 300

3 Zum Beispiel § 32 AVNot NW, RdErl. des HessMinJ vom 27. 6. 1991, Abschnitt B Ziff. I 1 VV Amtsbl. RhPf. vom 8. 3. 1991.

2. Bezeichnung als Notar – Notarvertreter

a) Der Vertreter darf erst tätig werden, wenn die Vertreterbestellung **62** durch den Präsidenten des Landgerichts erfolgt und ihm die schriftliche Bestellung ordnungsgemäß mitgeteilt worden ist (§ 40 BNotO). Dabei genügt die mündliche (telefonische) Mitteilung.

Handlungen des »Vertreters« vor seiner Bestellung sind unwirksam, auch wenn der »Vertreter« selbst Notar ist.

b) Im übrigen soll in diesem Zusammenhang nur auf die Entscheidung **63** des OLG Hamm (DNotZ 1988, 565) hingewiesen werden:

Der Notarvertreter hatte eine Unterwerfungserklärung aufgenommen. Im Eingangstext der Urkunde war jedoch der Notar P. namentlich gekennzeichnet. Auch im Text war zweimal vom Notar die Rede.

Der Notarvertreter hatte die Urkunde mit dem Zusatz »Notarvertreter« unterzeichnet.

Das OLG sah hierin einen Verstoß gegen § 9 Abs. 1 Satz 1 Nr. 1 BeurkG, weil

die Angaben im Text der vorliegenden Niederschrift bezüglich der Urkundsperson nicht vollständig sind und sie auch durch die Unterschrift des Notarvertreters mit dem entsprechenden Zusatz nicht ergänzt werden. Sie stehen vielmehr zu dieser Unterschrift und diesem Zusatz in einem Widerspruch, der anhand der Urkunde nicht aufzulösen ist ..., da die Niederschrift keinen Hinweis darauf enthält, daß als Urkundsperson der Notarvertreter tätig geworden ist.

Der Fall ist noch wegen eines weiteren Aspektes bedeutsam: **63a**

Nachdem die Niederschrift abgeschlossen war, berichtigte der Notarvertreter die Kennzeichnung der Urkundsperson in »Notarvertreter« durch einen Berichtigungsvermerk im Eingang der Urkunde.

Diese Berichtigung war nach Ansicht des OLG unzulässig; nach Abschluß der Niederschrift könnten etwaige Mängel selbst mit Ermächtigung der Beteiligten nicht mehr durch nachträgliche Feststellungen und Ergänzungen des Notars geheilt werden, sofern es sich nicht lediglich um offensichtliche Schreibfehler handelt, was zu verneinen sei. Es wäre also eine erneute Niederschrift unter Hinzuziehung aller Beteiligten erforderlich gewesen. Siehe auch unten RZ 76 ff. Die Entscheidung ist auf berechtigte Kritik *Reithmanns* gestoßen (DNotZ 1988, 568 f.): Die Berichtigung war nicht nur zulässig, sondern sogar geboten und verfahrensrechtlich ordnungsgemäß vorgenommen worden.

Die Niederschrift enthält nämlich neben den »Erklärungen der Beteiligten« (§ 9 Abs. 1 Nr. 2 BeurkG) Feststellungen des Notars, insbesondere über die Identität der Erklärenden, aber auch über den Ort und die Zeit der Abgabe der Erklärung und über die eigene Mitwirkung des Notars. Wenn dem Notar hier ein Irrtum, z. B. über das Kalenderdatum der Beurkundung, unterläuft, so kann und muß er diesen Irrtum auch nachträglich berichtigen.

Für die Form der Berichtigung der Niederschrift muß grundsätzlich das gleiche gelten wie für die Niederschrift selbst. Das Beurkundungsgesetz verlangt für die Tatsachenbeurkundung ebenso wie für die rechtsgeschäftliche Beurkundung grundsätzlich eine Niederschrift, also ein Zeugnis, das den Bericht des Notars enthält und Ort und Tag der Errichtung der Urkunde angibt.

Was für den Bericht des Notars (die Haupturkunde) gilt, muß ebenso für eine Ergänzung und Berichtigung dieses Berichts gelten. In einfachen Fällen genügt die Berichtigung durch einen Vermerk, den der Notar an den Rand der Niederschrift setzt (Nachtragsvermerk). Die Dienstordnung schränkt dieses Verfahren allerdings auf »offensichtliche Schreibversehen« ein.

Der Nachtragsvermerk muß stets den Tag der Berichtigung angeben, um klarzustellen, daß die Berichtigung nach Abschluß der Beurkundung erfolgte. Eine Ortsangabe ist aber wohl entbehrlich, wenn der Notar die Berichtigung, wie üblich, an seinem Amtssitz vornimmt, der ja aus seinem Siegel zu ersehen ist.

Der Berichtigungsvermerk war somit zulässig; ein »innerer Widerspruch« – wie es das OLG angenommen hat – lag somit nicht mehr vor; ein Verstoß gegen § 9 Abs. 1 Satz 1 BeurkG ist damit geheilt.

3. Angaben zur Person der Beteiligten

64 Wegen der außerordentlichen Bedeutung einer Amtshandlung für das Rechtsleben, wegen des öffentlichen Glaubens der Urkunden und der Sicherheit des Rechtsverkehrs hat der Notar äußerste Sorgfalt auf die Feststellung der Identität der Beteiligten zu legen (§§ 10, 40 Abs. 4 BeurkG; § 25 DONot).

Hier soll nur auf zwei Fehler hingewiesen werden, die wiederholt Anlaß zu Beanstandungen geben:

Nach § 25 Abs. 2 Satz 2 DONot ist bei allen Beurkundungen und Beglaubigungen, die zur Eintragung im Grundbuch, in Vereins- und Güterrechtsregister führen, das Geburtsdatum der Beteiligten anzugeben. Die genaue Bezeichnung der Beteiligten ist insbesondere im Grundbuchverkehr wichtig, weil sie noch u. U. nach Jahrzehnten von großer Bedeutung sein kann. Wegen der wiederholt vorkommenden Familiennamen sind die Geburtsdaten oft auch das einzige Unterscheidungskriterium.

Ein Verstoß gegen diese Vorschrift mindert die Beweiskraft der vom 65
Notar errichteten Urkunde jedoch nicht; das Grundbuchamt ist deshalb auch nicht berechtigt, die beantragte Eintragung abzulehnen oder durch Zwischenverfügung von der Behebung des Verstoßes abhängig zu machen.

Im übrigen ist das Geburtsdatum auch z. B. für die Frage der Testierfähigkeit (§§ 2229 Abs. 1 BGB, Vollendung des 16. Lebensjahres) oder für die Frage der Volljährigkeit bei Abschluß eines Erbvertrages (§ 2275 Abs. 1 BGB) oder für die Frage der Geschäftsfähigkeit (§ 106 BGB) bedeutsam (weitere Einzelheiten *Weingärtner/Schöttler*, RZ 388).

Die Angabe des Berufes ist nicht mehr vorgeschrieben.

Nach § 25 DONot sind der Wohnort und die Wohnung anzugeben[4]. 66

Bei Eintragungen im Handelsregister und Genossenschaftsregister kann bei Personen, deren Sicherheit durch mögliche Anschläge besonders gefährdet ist (Vorstandsmitglieder, Geschäftsführer, Gesellschafter, Inhaber und leitende Angestellte privatwirtschaftlicher Unternehmen), auf Antrag des Betroffenen – worauf hingewiesen werden sollte – deren festgestellte Wohnanschrift auch außerhalb der Urkunde festgehalten und in einem Begleitschreiben dem Registergericht mitgeteilt werden (so z. B. Erlaß des MJ BW vom 16. 2. 1989 – 3822 – II/113, Schreiben des BMI vom 23. 9. 1988, abgedruckt in *Weingärtner*, Notarrecht NW, Ord.-Nr. 144).

67

---

4 Nach der zu erwartenden Neuregelung der DONot wird es heißen: ... der Wohnort und *in der Regel* die Wohnung ..

67 Nach § 10 BeurkG soll der Notar in der Niederschrift angeben, wenn er sich durch Vorlage des Personalausweises Gewißheit über die Person verschafft hat. Der Vermerk: »ausgewiesen durch einen mit Lichtbild versehenen Personalausweis« ist ausreichend. Weitere Angaben wie ausstellende Behörde, das Datum der Ausstellung der Urkunde und deren Geschäftsnummer können nicht verlangt werden (OLG Frankfurt, Beschluß vom 10. 10. 1988, Not 4/88; *Mecke/Lerch*, § 10 RZ 5). Gleichwohl sind die genauen Angaben zu empfehlen. Der Notar kann dadurch später leicht nachweisen, daß ihm der Ausweis tatsächlich vorgelegen hat (*Klein*, MittBayNot. 1992, 222).

4. Anwesenheit der Beteiligten

68 Hier soll nur ein Beispiel gebracht werden, um zu zeigen, wie schnell ein Notar durch Kulanz in eine schwierige, mißliche Situation geraten kann.

Beispiel:
Eheleute wollen ihr Grundstück an einen Rechtsanwalt A verkaufen. Der Notar hat den Grundstückskaufvertrag vorbereitet und mit den Beteiligten einen Beurkundungstermin vereinbart. Drei Stunden vor dem Termin erscheint der Ehemann, da er zum vereinbarten Termin nicht erscheinen kann. Der Notar liest ihm ordnungsgemäß den Vertrag mit der Auflassungserklärung vor, und der Ehemann unterschreibt.

Zum vereinbarten Termin erscheinen die übrigen Beteiligten, der Vertrag wird vorgelesen und unterschrieben.

Da im Urkundseingang die Erschienenen bereits maschinenschriftlich eingetragen waren, verzichten die Beteiligten, insbesondere Rechtsanwalt A, auf eine Berichtigung.

Nach Eintragung im Grundbuch beruft sich der Rechtsanwalt A auf die Unwirksamkeit des Vertrages, insbesondere der Auflassung.

69 Der Kaufvertrag konnte wohl zwar suksessziv beurkundet werden[5]. Für die Auflassung war allerdings die *gleichzeitige* Anwesenheit unabdingbare Voraussetzung.

---

5 Es ist m. E. statthaft, wenn auch keineswegs zu empfehlen, Vertragsantrag und -annahme getrennt, aber in derselben Niederschrift zu beurkunden, indem zunächst der Antrag protokolliert, vorgelesen, vom Antragenden genehmigt und unterschrieben wird und sodann – nachdem sich der Anbietende entfernt hat und der andere Vertragsteil erschienen ist – die Annahme gleichfalls in die Niederschrift aufgenommen und diese insgesamt – einschließlich der Erklärung des Antragenden – dem Annehmenden vorgelesen, von ihm genehmigt und unterschrieben und schließlich auch vom Notar unterschrieben wird (RG 69, 130; RG, JW 1909, 272 OLG Hamburg, NJW 1993, 3076; allerdings streitig: *Jansen*, § 8 Rdn. 8, Fn. 11; *Mecke*, Formular-Kommentar, 4.211)

Abgesehen von den in diesem Falle unumgänglichen Disziplinarmaßnahmen und Strafverfahren haftete der Notar dem Geschädigten wegen
Vorsatzes ohne die Möglichkeit, sich auf eine anderweitige Ersatzmög-
lichkeit zu berufen (siehe Übersicht Seite 105). Außerdem tritt die Haftpflichtversicherung gegenüber dem Notar in einem solchem Fall wegen
vorsätzlicher Vertragsverletzung nicht ein.

5. Vertretung

a) Vollmacht

Nach § 12 BeurkG sollen bei der Verhandlung vorgelegte Vollmachten   70
und Ausweise über die Berechtigung eines gesetzlichen Vertreters der
Niederschrift in Urschrift oder in beglaubigter Abschrift beigefügt werden. Die Vollmacht bzw. der Vertretungsausweis ist anzukleben oder
anzuheften. Sie kann zum Gegenstand der Ausfertigung gemacht werden, wenn sie mit ihr durch Schnur und Siegel verbunden sind.

Die Feststellung, daß und in welcher Form – Urschrift oder Ausfertigung; beglaubigte Abschrift reicht nicht – die Vollmacht dem Notar
vorgelegen hat, ist eine voll wirksame notarielle Bescheinigung i. S. d.
§ 20 Abs. 1 BNotO. Sie bindet insbesondere das Grundbuchamt, das
nun nicht noch einmal die Vorlage der Urschrift oder Ausfertigung verlangen kann, sondern sich auf die Prüfung der Vollmacht durch den
Notar verlassen kann und verlassen muß (OLG Stuttgart, DNotZ 1952,
183; OLG Frankfurt, Rechtspfleger 1972, 306).

Deshalb hat der Notar auch die Vertretungsmacht, d. h. die Vollmacht, umfassend zu prüfen (BGH, DNotZ 1989, 43) (BGH NSW
1993, 2745).

Zu beachten ist, daß die Vollmacht der Form des Hauptgeschäfts entsprechen muß, wenn sich der Vollmachtgeber durch sie mit dem Abschluß des formbedürftigen Rechtsgeschäfts bindet (*Mecke/Lerch*, § 12,
RZ 5, weitere Fälle siehe dort). Bedenken gegen die Vertretungsmacht
hat er mit den Beteiligten zu erörtern und, wenn die Beteiligten gleichwohl auf der Beurkundung bestehen, durch einen Vorbehalt in der Urkunde kenntlich zu machen (§ 17 II 2 BeurkG) BGH NJW 93, 2745.

Steht der Mangel der Vertretungsmacht fest und erscheint eine Genehmigung durch den Vertretenen ausgeschlossen, hat der Notar die Beurkundung abzulehnen (BGH, WM 1988, 545 = DNotZ 1989, 43).

b) Vertretungsbescheinigung

71 Nach § 21 BNotO ist der Notar zuständig, Bescheinigungen über eine Vertretungsberechtigung auszustellen, sofern sich diese aus einer Eintragung im Handelsregister oder in einem ähnlichen Register ergibt. Er darf die Bescheinigung aber nur ausstellen, wenn er zuvor das Register oder eine beglaubigte Abschrift desselben eingesehen hat. Er hat den Tag der Einsichtnahme des Registers oder den der Ausstellung der Abschrift in der Bescheinigung anzugeben. Streitig ist, ob er das Register persönlich einsehen muß (*Huhn/v. Schuckmann,* § 12, RZ 24 m. w. N.) oder ob er durch Hilfspersonen einsehen lassen kann (wohl h. M.: statt vieler *Mecke/Lerch,* § 12, RZ 8).

Der Notar muß den Tag der Einsichtnahme in der Bescheinigung angeben (§ 21 II 2 BNotO). Dies wird immer wieder vergessen, evtl. bewußt, weil der Notar entgegen seiner Bestätigung nicht eingesehen hat. Dies fällt i. d. R. nicht auf, es sei denn, daß man – wie geschehen – bei der Prüfung darauf stößt, daß der Notar am selben Tage gleichzeitig an zwei, etwa 800 km auseinanderliegenden Orten Register eingesehen haben will.

72 In notariellen Urkunden ist häufig folgende Formulierung zu finden:

»Herr Meier, hier handelnd als alleinvertretungsberechtigter Geschäftsführer der . . . GmbH«.

Es folgt dann keine weitere Feststellung darüber, ob der Notar das Handelsregister eingesehen hat.

Eine wirksame Vertretungsbescheinigung i. S. d. § 21 BNotO liegt nicht vor. Für den Außenstehenden – insbesondere für den juristischen Laien – entsteht jedoch der Eindruck, als wenn der Notar die Vertretungsberechtigung bescheinige. Zu empfehlen ist hier die Formulierung:

»... erschien Herr Meier, der erklärte, nicht im eigenen Namen, sondern für die . . . GmbH zu handeln«.

c) Vertreter ohne Vollmacht

73 Der von einem Vertreter ohne Vertretungsmacht abgeschlossene Vertrag ist schwebend unwirksam, damit auch die evtl. in ihm enthaltene Hinterlegungsanweisung, so daß bis zur Genehmigung keine Bindungswirkung eintreten kann (KG, DNotZ 1987, 169).

Wird in dem Vertrag aufgenommen, daß der Beteiligte versprach, die Genehmigung nachzureichen, übernimmt er hierfür die Garantie und macht sich u. U. schadensersatzpflichtig (*Huhn/v. Schuckmann*, § 12, RZ 9). Der Notar hat deshalb mit dem Vertreter ohne Vertretungsmacht dies genau zu erörtern und ihm zu raten, eine solche Erklärung nur abzugeben, wenn nicht der geringste Zweifel daran besteht, daß der ohne Vertretungsmacht Vertretene das Rechtsgeschäft auch genehmigen werde. Dies gilt insbesondere auch dann, wenn der Notar einen in seinem Büro Beschäftigten als vollmachtlosen Vertreter auftreten läßt. Hier ist schon deshalb Vorsicht geboten, weil der oder die Beschäftigte hierfür nicht versichert ist. Insbesondere aber ist zu beachten, daß der Notar die Beteiligten darauf hinweisen muß, daß der Vertrag so lange unwirksam ist, bis der Vertretene die Erklärung genehmigt hat (BGH, DNotZ 1983, 53; *Weingärtner/Schöttler*, RZ 536).

Zur eigenen Sicherheit sollte der Notar in der Niederschrift der Urkunde vermerken, daß er die Beteiligten über die schwebende Unwirksamkeit belehrt hat.

Der notariell beurkundete Abschluß eines Grundstückskaufvertrages **73a** durch einen vollmachtlosen Vertreter begegnet keinen materiellrechtlichen Bedenken. Die Genehmigung des Handelns des vollmachtlosen Vertreters ist formlos zulässig und bedarf wegen § 29 GBO lediglich der Unterschriftsbeglaubigung (BGH WM 1994, 476 = DB 1994, 979 = Mitt Bay Not 1994, 414 mit Anm. Korte)

Dienstrechtlich unzulässig ist jedoch die systematische Einschaltung eines vollmachtlosen Vertreters ohne sachliche Rechtfertigung. Ausführlich: Merkblatt der BNotK, abgedr. in Weingärtner, Notarrecht, Ord.Nr. 996 und oben RZ 20.

Die Beurkundung eines Grundstückskaufvertrages mit Auflassung in der Weise, daß der Verkäufer auch als vollmachtloser Vertreter für den Käufer auftritt, ist sachlich nur dann gerechtfertigt und damit zulässig, wenn im Einzelfall diese atypische Form der Beurkundung vereinbart oder durch besondere Umstände gerechtfertigt ist (BayObLG NJW-RR 1993, 1429 = DB 1993, 1508 = BB 1993, 1168).

d) Notariatsangestellte als Bevollmächtigte oder als Vertreter ohne Vertretungsmacht

74 Erhebliche Bedenken bestehen, wenn Notariatsangestellte ohne begründeten Anlaß als Bevollmächtigte oder als Vertreter ohne Vertretungsmacht handeln und wenn sie bei Abschluß des eigentlichen Vertrages beide Vertragsseiten oder häufig ein und denselben Beteiligten vertreten. Der Notar braucht dann lediglich später die Unterschrift der vertretenen Beteiligten unter den Genehmigungserklärungen zu beglaubigen, ohne den Beteiligten die Vertragsurkunden vorlesen zu müssen. Die Beteiligten erhalten dann nicht die erforderlichen Belehrungen (ausführlicher hierzu: *Weingärtner/Schöttler*, RZ 536 b u. BNotK in Weingärtner/ Notarrecht Ord. Nr. 296 f., siehe auch oben RZ 73a).

Zu unterscheiden hiervon sind jedoch die Fälle, in denen Angestellten lediglich Vollmachten eingeräumt werden, die letztlich nur der weiteren Abwicklung des beurkundeten Geschäftes dienen (Nachtragsbeurkundung für Berichtigungen, Behebung von Beanstandungen des Grundbuchamtes u. ä.).

Haug (RZ 159) empfiehlt aber auch hier, die Beteiligten selbst heranzuziehen, wenn die Erklärungen nicht formeller Natur sind, sondern eine sachliche Prüfung und Entschließung erfordern. Bei Bevollmächtigung zur Abgabe risikohaft erscheinender Erklärungen sollte zuvor beim Vollmachtgeber rückgefragt werden, wenn die Vollmachtserteilung schon längere Zeit zurückliegt.

Da Vollmachten mitunter nach außen hin nicht so eingeschränkt werden können, daß ein Mißbrauch von vornherein ausgeschlossen ist, sollte durch Aufnahme einer entsprechenden Klausel gewährleistet sein, daß von der Vollmacht nur *vor dem beurkundenden Notar oder dessen amtlich bestellten Vertreter* Gebrauch gemacht werden kann.

Einzelheiten hierzu siehe *Weingärtner/Schöttler*, RZ 537.

6. Grundbucheinsicht

75 Der Notar hat das **Grundbuch** einzusehen oder durch einen vertrauenswürdigen Mitarbeiter einsehen zu lassen (§ 21 BeurkG).

Der Notar ist nicht verpflichtet, in der Urkunde festzuhalten, daß er das Grundbuch eingesehen hat. Hat er sich jedoch über den Grundbuchinhalt nicht unterrichtet, so soll er in der Urkunde aufnehmen, daß er dies den Beteiligten mitgeteilt hat und daß diese **trotz Belehrung über die damit verbundenen Gefahren** auf einer sofortigen Beurkundung bestanden haben (§ 21 BeurkG). Der Zusatz

»trotz Belehrung über die damit verbundenen Gefahren«

fehlt nicht selten.

Falls mehr als sechs Wochen zwischen Einsicht und Beurkundung liegen, ist ein entsprechender Belehrungsvermerk notwendig (OLG Frankfurt, DNotZ 1985, 244; *Mecke/Lerch*, § 21 RZ 8: 4 Wochen).

Der Notar ist nicht verpflichtet, die **Grundakten** einzusehen, um zu prüfen, ob sich dort noch unerledigte Eintragungsanträge befinden (OLG Köln, DNotZ 1989, 454), es sei denn, daß bestimmte Anhaltspunkte hierfür gegeben sind (ausführlich hierzu: *Haug*, RZ 521), siehe aber unten RZ 170.   75a

Zur Grundbucheinsicht siehe ausführlich *Reithmann/Röll/ Geßele*, RZ 294 ff.; DNotZ 1972, 422; 1974, 764; Versicherungsrecht 1978, 829; siehe auch *Weingärtner/Schöttler*, RZ 539.

Der Notar ist nicht verpflichtet, von sich aus das **Baulastenverzeichnis** einzusehen oder auf dieses hinzuweisen (OLG Schleswig, NJW-RR 1991, 96). Ein Hinweis in dieser Richtung erscheint jedoch angebracht (*Haug*, RZ 514).   75b

7. Änderungen und Zusätze (§ 30 DONot)

Zu unterscheiden ist zwischen den Änderungen und Zusätzen vor und nach Abschluß der Niederschrift.   76

a) Änderungen vor Abschluß der Niederschrift

Als oberster Grundsatz gilt, daß nichts ausgeschabt oder sonst unleserlich gemacht werden darf (§ 30 I DONot). Die Benutzung von Tipp-Ex oder dgl. ist daher unzulässig.   77

Wichtig ist, dafür zu sorgen, daß jeglicher Zweifel daran ausgeschlossen ist, ob die Einschaltungen oder Durchstreichungen dem Aussteller zu-   78 zurechnen sind, anderenfalls entfällt insoweit die Beweiskraft der Urkunde nach § 415 Abs. 1 ZPO und das Gericht hat darüber nach freier Überzeugung zu entscheiden (BGH, BB 1994, 1316 = NJW 94, 2768).

Im Zweifel ist daher zweckmäßig – unabhängig davon, ob die Änderungen innerhalb oder außerhalb des laufenden Textes erfolgen –, die Ergänzung oder Änderung als vom Notar geändert kenntlich zu machen.

Wenn der Umfang der Änderung keinen Anlaß zu Zweifeln gibt, genügt der Randvermerk:

»geändert«
mit der Unterschrift des Notars und der Beifügung seiner Amtsbezeichnung.

79 Größere Änderungen und Ergänzungen werden i. d. R. am Schluß des Protokolls vor der Schlußformel über die Verlesung und Genehmigung mit einem Hinweis auf die Stelle der Urkunde angebracht, wo sie einzufügen sind.

Beispiel:
»Auf Seite 4 ist bei dem Zeichen V einzufügen:
(es folgt der einzufügende Text)«.

Nicht ausreichend ist der gelegentlich zu findende Vermerk am Schluß einer Urkunde:

»Vorstehend insgesamt . . . Wörter eingefügt, . . . Wörter gestrichen«.

Die einzelnen Änderungen müssen aufgeführt werden (vgl. OLG Hamm, JMBl. NW 1957, 235).

80 Übersehen wird oft, daß bei der Benutzung eines Formulars auch Streichungen nicht geringfügige Änderungen sein können und deshalb vom Notar als Änderung im obigen Sinne gekennzeichnet werden müssen (OLG Hamm, JMBl. NW 1957, 234; 1956, 283). Zitat aus dem Urteil des OLG Hamm, JMBl. 1957, 235:

»In diesem (Formular) sind die vorgedruckten Teile über die Bestellung einer beschränkt persönlichen Dienstbarkeit und eines Vorkaufsrechts durchgestrichen. Es handelt sich dabei also um eine Änderung, und zwar eine solche nicht geringfügiger Art. Sie mußten deshalb als solche in der Urkunde besonders bezeichnet werden.

Hier hat der Notar bei der Beurkundung selbst die vorgenommenen Streichungen nicht besonders vermerkt. Er hat jedoch nach der Beanstandung durch das Grundbuchamt am Rande der Urkunde die Sätze »auf vorstehender Seite habe ich 24 Wörter gestrichen und Abs. a und 7 Wörter hinzugesetzt« sowie »auf vorstehender Seite habe ich Abs. 2 und 60

Wörter gestrichen« beigefügt. Darunter hat er seinen Namen mit Amtsbezeichnung ohne Dienststempel oder Dienstsiegel gesetzt. Damit ist § 29 Abs. 3 (jetzt § 30) DONot nicht genügt. Aus § 29 Abs. 4 (jetzt § 30 DONot) und dem Zweck dieser Ordnungsvorschrift ergibt sich nämlich, daß die Beifügung am Rande vor Abschluß der Niederschrift erfolgen muß. Eine danach erfolgte Beifügung hat nicht dieselbe Wirkung.

Da die Durchstreichung nicht ordnungsgemäß besonders vermerkt ist, kann dadurch die Beweiskraft der Urkunde beeinträchtigt werden. Ob das der Fall ist, ist nach der Erfahrung des täglichen Lebens zu beurteilen.«

b) Zusätze und Änderungen nach Abschluß der Niederschrift

Nach Abschluß der Niederschrift sind Änderungen, Zusätze und Be-   **81**
richtigungen nicht mehr zulässig (OLG Hamm, aaO, S. 235), auch dann nicht, wenn die Beteiligten den Notar hierzu ermächtigten (BGHZ 56, 159). Lediglich offensichtliche Schreibfehler, Beispiele:

Verkäufer – Käufer, Gläubiger – Schuldner, Mieter – Vermieter usw.

und offensichtliche Wortauslassungen können durch einen vom Notar unterschriebenen Nachtragsvermerk richtiggestellt werden (§ 30 Abs. 4 DONot). Ansonsten muß eine zweite, neue Niederschrift gefertigt werden, und zwar unter Mitwirkung der bisherigen Beteiligten (siehe oben RZ 63). Sämtliche Beteiligten haben erneut zu unterzeichnen. Galten für die Aufnahme der Haupturkunden besondere Formerfordernisse, so sind auch diese bei der Beurkundung oder Änderung zu beachten.

Beispiel:
Bei einer Auflassung ist die Parzellennummer unrichtig angegeben worden. Aus dem Gesamtzusammenhang der Urkunde ist die richtige Nr. auch nicht erkennbar.

In der Berichtigungsverhandlung ist die gleichzeitige Anwesenheit beider Vertragsteile nach § 925 BGB erforderlich.

Im übrigen siehe zu dem Problem dieses Abschnittes *Huhn/von Schuckmann* (§ 30 DONot) und *Weingärtner/Schöttler* (§ 30 DONot).

8. Verweisung – Bezugnahme auf andere Urkunden – Schlußvermerk

Literaturhinweis: *Brambring*, DNotZ 1980, 281 ff.; *Mecke/Lerch*, § 13 a RZ 3 f.

Zu unterscheiden ist zwischen der sog. ersetzenden **Verweisung** und   **82**
der bloßen **Bezugnahme** (sog. unechte Verweisung).

83   Die **Bezugnahme** ist an die Förmlichkeit der Verlesung nicht gebunden. Sie stellt lediglich einen Hinweis auf Erklärungen, Rechtsverhältnisse oder tatsächliche Umstände dar, die nicht zum beurkundungsbedürftigen Inhalt des Rechtsgeschäfts gehören (*Huhn/v. Schuckmann*, § 9, RZ 24). Eine unechte Verweisung in diesem Sinne liegt z. B. vor, wenn bei der gesonderten Beurkundung einer Vertragsannahme auf die Angebotserklärung Bezug genommen wird (OLG Düsseldorf, JurBüro 1980, 1563; *Keidel/Kuntze/Winkler*, Freiwillige Gerichtsbarkeit, Teil B, 12. Aufl., § 13 BeurkG, Rn. 8; *Huhn/v. Schuckmann*, aaO, RZ 28; *Brambring*, DNotZ 1980, 281, 288 f. m. w. Beisp.). Nichts anderes gilt für die Beurkundung der Genehmigung eines von einem vollmachtlosen Vertreter geschlossenen Vertrages. Auch hier dient die Bezugnahme lediglich der Kennzeichnung (Identifizierung) der zu genehmigenden Erklärungen; diese brauchen deshalb nicht verlesen zu werden (*Huhn/v. Schuckmann*, aaO, RZ 28; BGH, MittBayNot 1988, 227).

84   Anders die **Verweisung.** Sie verlangt verfahrensrechtliche Verlesung der beigefügten Schriftstücke, Karten usw. und führt dazu, daß die beigefügten Schriftstücke usw. Teile der Niederschrift, also beurkundet sind.

Nach § 9 I 2 BeurkG müssen – zumindest in dieser beschriebenen Form der **Verweisung – mitbeurkundet** werden (Aufzählung nach *Huhn/v. Schuckmann*, aaO, RZ 33):

Baupläne beim Verkauf eines noch nicht fertiggestellten Hauses; **Teilungserklärung** vor Grundbucheintragung; **Aufteilungsplan** vor Fertigstellung des Hauses und vor Eintragung des Wohnungseigentums im Grundbuch; **Lageplan** beim Verkauf einer Teilfläche; Begründung schuldrechtlicher Verpflichtungen für die andere Vertragspartei, die von der einen Vertragspartei bereits einseitig niedergelegt worden sind (z. B. bei Verkauf von Wohnungseigentum, wenn in Teilungserklärungen nach § 8 WEG eine Ankaufspflicht der künftigen Wohnungseigentümer enthalten ist oder wenn in der Gemeinschaftsordnung Bestimmungen enthalten sind, die nicht Inhalt des Sondereigentums geworden sind: etwa die Verpflichtung, dem Verwalter Vollmacht zu erteilen, vgl. BGH, DNotZ 1979, 406; *Brambring*, DNotZ 1980, 294).

85   Wenn in der Urkunde auf eine Anlage förmlich verwiesen worden ist, genügt nach *Huhn/v. Schuckmann* (§ 9, RZ 38 und Mecke/Lerch, § 13 RZ 35) der bloße Schlußvermerk: »Vorgelesen, genehmigt und unter-

schrieben« nicht – sofern die Anlagen von den Parteien nicht unterschrieben worden sind –, da aus diesem nicht eindeutig hervorgehe, ob die Anlage verlesen wurde bzw. vorgelegen habe. Das OLG Celle (Rechtspfleger 1983, 310) und der BGH (NJW 1994, 1289) haben die Klausel für ausreichend erachtet.

Um bei einer anderen Auffassung der Gerichte nicht Gefahr zu laufen, **86** daß eine Anlage als nicht verlesener Bestandteil angesehen wird, sollte die Formulierung lauten:

»Diese Niederschrift einschließlich der Anlage wurde den Erschienenen von dem Notar vorgelesen, von ihnen genehmigt und wie folgt unterschrieben.«

Bei **Einbeziehung von Karten, Zeichnungen** und ähnlichem sollte es im Text der Urkunde z. B. heißen:

»Die Fläche ist in dem dieser Niederschrift beigefügten Lageplan rot umrandet und mit den Buchstaben a, b, c, d gekennzeichnet. Auf ihn wird verwiesen. Der Lageplan wurde den Beteiligten zur Durchsicht vorgelegt.«

§§ 13 Abs. 1 Satz 1 BeurkG schreibt grundsätzlich die Verlesung der vom Notar gefertigten Niederschrift vor. Nach § 13 a Abs. 1 Satz 1 BeurkG braucht jedoch, wenn in der Niederschrift auf eine andere notarielle Niederschrift – nicht ausreichend auf einen Entwurf – verwiesen wird, die nach den Vorschriften über die Beurkundung von Willenserklärungen errichtet worden ist, diese nicht verlesen zu werden, wenn die Beteiligten erklären, daß ihnen der Inhalt der anderen Niederschrift bekannt ist, und sie auf das Vorlesen verzichten.

Häufiger als vermutet wird bei Geschäftsprüfung festgestellt, daß der **87** Notar seine Unterschrift unter der Originalurkunde vergessen hat. Er sollte sich daher angewöhnen, seine Unterschrift zeitlich unmittelbar nach der Unterschriftsleistung der übrigen Beteiligten auf die Urkunde zu setzen.

Vergißt der Notar dies, so kann er seine Unterschrift bis zu dem Zeitpunkt nachholen, in dem die Verhandlung den Umständen nach als endgültig abgeschlossen angesehen werden muß. Der späteste Zeitpunkt ist der, zu dem die Ausfertigungen erteilt werden (*Huhn/v. Schuckmann*, § 13, RZ 30 m. w. Zit.). Bei der späteren Unterschriftsleistung muß der Notar das Datum angeben, an welchem er die Unterschrift geleistet hat. *Keidel* (DNotZ 1957, 589) verlangt eine sog. Nachtragsverhandlung

(z. B. »die am . . . aufgenommene Verhandlung wurde von mir heute, am . . . fortgesetzt und durch meine Unterschrift abgeschlossen«).

Das ist im Grunde nichts anderes als die oben angegebene Möglichkeit.

Hat der Notar zu dem oben erwähnten möglichen Zeitpunkt seine Unterschrift nicht nachgeholt, so ist die Beurkundung ungültig. *Keidel* (aaO) bejaht allerdings noch die Nachholung der Unterschrift für den Fall, daß die erteilte Ausfertigung die in der Urschrift fehlende Unterschrift wiedergibt. In einem solchen Falle soll die Unterschrift trotz Erteilung der Ausfertigung nachholbar sein, weil – so wird argumentiert – die fehlerhafte und also ihrerseits unwirksame Ausfertigung die Urkunde im Rechtsverkehr nicht vertreten könne, die Verhandlung also nach wie vor nicht abgeschlossen sei. *Huhn/v. Schuckmann* halten eine Nachholung der Unterschrift in diesem Falle für nicht erlaubt (§ 13, RZ 30). Die Rechtslage ist allerdings sehr zweifelhaft. Hier sollte lediglich auf das Problem hingewiesen werden (ausführlicher hierzu: *Mecke/Lerch*, § 13, RZ 27).

9. Heftung der Urkunde

88 Jede Urkunde, die mehr als einen Bogen oder ein Blatt umfaßt, ist nach § 29 DONot zu heften. Nach der AV des JM NW vom 17. 3. 1980 in JMBl. S. 890 hat die Heftung im oberen Drittel der Urkunde zu geschehen, damit eine Beschädigung der Heftschnur beim Lochen und Abheften vermieden wird.

10. Mitteilungspflichten

89 a) **Grunderwerbsteuerpflichtige Vorgänge** sind dem zuständigen Finanzamt anzuzeigen (§ 18 Abs. 3 GrEStG), insbesondere auch Vorverträge, Optionsverträge sowie Kauf- und Verkaufsangebote und andere Rechtsgeschäfte, die den Anspruch auf Übereignung eines Grundstücks begründen, Auflassungen sowie Rechtsgeschäfte, die den Anspruch auf Übertragung eines Anteiles oder mehrerer Anteile einer Gesellschaft begründen, wenn zum Vermögen der Gesellschaft ein Grundstück gehört, sind dem zuständigen Finanzamt durch Übersendung einer Abschrift

der Urkunde anzuzeigen, ebenso Grundbuchberechtigungen, die einen Eigentümerwechsel betreffen. Ausführlich hierzu im Merkblatt über die steuerlichen Beistandspflichten, abgedruckt in *Weingärtner*, Notarrecht, Ord.-Nr. 523, und *Weingärtner/Schöttler* RZ 554.

Der Notar hat auf der Urschrift der Urkunde – in den Fällen, in denen eine Urkunde entworfen und beglaubigt worden ist, auf der zurückbehaltenen beglaubigten Abschrift – den Absendetag und das Finanzamt, an welches er die Anzeige erstattet hat, zu vermerken. Eine Empfangsbestätigung des Finanzamtes sieht das Gesetz nicht mehr vor (§ 18 Abs. 4 GrEStG). 90

b) Übertrags- und Schenkungsverträge

Hier sind insbesondere auch anzuzeigen: Rechtsgeschäfte, die z. T. oder der Form nach entgeltlich sind, aber nach den Umständen, die bei der Beurkundung oder sonst bekannt geworden sind, eine Schenkung oder Zweckzuwendung unter Lebenden enthalten (§ 13 Abs. 3 ErbStDV). 91

Anzeigepflichtig sind deshalb z. B. Teilschenkungen in Form von Veräußerungsverträgen, wenn das Entgelt unter dem Wert des veräußerten Gegenstandes liegt oder als Gegenleistung nur ein Wohn- oder Verpflegungsrecht usw. eingeräumt wird. Die Bestellung von Hypotheken oder sonstigen Grundpfandrechten und deren Abtretung zugunsten naher Angehöriger ist anzuzeigen, falls der Schuldgrund nicht einwandfrei ersichtlich ist.

Anzuzeigen sind auch die eröffneten **Verfügungen von Todes wegen, die abgewickelten Erbauseinandersetzungen**, die beurkundeten Vereinbarungen der **Gütergemeinschaft** und die beurkundeten **Schenkungen** und **Zweckzuwendungen**.

Bestehen Zweifel, ob ein Vorgang der Erbschaftsteuer/Schenkungsteuer unterliegt, ist dem Finanzamt eine Anzeige zu erstatten, um diesem zu ermöglichen, die Steuerpflicht zu prüfen.

Die Anzeige ist auch zu erstatten, wenn der Vorgang von der Besteuerung ausgenommen ist (Merkblatt: Erbschaftsteuer V 4.2, abgedruckt in *Weingärtner*, Notarrecht, Ord.-Nr. 532).

Wird der Notar im Rahmen der Abwicklung eines Kaufvertrages über ein Nachlaßgrundstück angewiesen, einen Teil des hinterlegten Kaufpreises (Surrogat) unmittelbar an eine erbberechtigte Person außerhalb des Geltungsbereiches des Erbschaftsteuergesetzes auszuzahlen, so haftet er in Höhe des ausgezahlten Betrages für die Erbschaftsteuer, soweit dies vorsätzlich oder fahrlässig vor Entrichtung oder Sicherstellung der Steuer geschieht (§ 20 Abs. 6 Satz 2 ErbStG). Soweit im Einzelfall möglich, empfiehlt es sich, zur Vermeidung der Haftung und Korrespondenz mit dem zuständigen Finanzamt, das Vermögen an die Berechtigten im Inland vollständig auszuzahlen.

91a Der **Absendevermerk** ist auf die Urschrift zu setzen (§ 13 Abs. 2, 5 ErbStDV; Weingärtner, Notarrecht, Ord.-Nr. 530).
Im einzelnen siehe zu den Mitteilungspflichten:

Auszug aus dem Merkblatt über steuerliche Beistandspflichten der Notare, herausgegeben vom Finanzminister des Landes NRW (inhaltlich übereinstimmend mit den übrigen Merkblättern der Länder, soweit sie herausgegeben worden sind), abgedruckt in *Weingärtner*, Notarrecht, Ord.-Nr. 523.

92 c) Grundstücksveräußerungen (entgeltliche) sind gem. § 195 **Baugesetzbuch** dem zuständigen Gutachterausschuß anzuzeigen. Dem Ausschuß ist eine Abschrift der Urkunde zu übersenden[6]. Zweckmäßig sollte die Absendung auf der Urschrift des Vertrages vermerkt werden (Rohs, Die Geschäftsführung der Notare, IX 6; Weingärtner/Schöttler, RZ 558).

93 d) Bleibt ein **Erbvertrag in der Verwahrung** des Notars (§ 34 Abs. 2 BeurkG; § 25 Abs. 2 Satz 1 BNotO) oder enthält eine Urkunde **Erklärungen, nach deren Inhalt die Erbfolge geändert wird**, so benachrichtigt der Notar nach § 16 Abs. 2 DONot das Standesamt oder die Hauptkartei für Testamente beim Amtsgericht Schöneberg in Berlin nach den Vorschriften über die Benachrichtigung in Nachlaßsachen (AV des JM in JMBl. 1980, 2; 1984, 133)[7]. § 16 Abs. 2 DONot nennt beispielhaft: Aufhebungsverträge, Rücktritts- und Anfechtungserklärungen, Erbverzichtsverträge, Eheverträge mit erbrechtlichen Auswirkungen, Vereinbarungen über den vorzeitigen Erbausgleich eines nichtehelichen Kindes.

---

6 Anders bei der Mitteilungspflicht nach § 28 BauG, wo aus datenschutzrechtlichen Gründen nur die genauen Daten (ohne Namensnennung) mitgeteilt zu werden brauchen (s. *Weingärtner/Schöttler*, RZ 482 b).
7 Die AV wird in absehbarer Zeit geändert.

Eheverträge mit erbrechtlichen Auswirkungen sind auch solche Ver- **94**
träge, durch die gem. § 1414 BGB Gütertrennung eintritt (Ausschluß
oder Aufhebung des gesetzlichen Güterstandes, Ausschluß des Zuge-
winn- oder des Versorgungsausgleichs, Aufhebung der Gütergemeinschaft).

Diese Mitteilungspflicht dürfte sich allerdings nicht auf Scheidungsfol- **95**
genvereinbarungen i. S. d. § 1587 o BGB beziehen, soweit sie einen Ausschluß des Zugewinn- und des Versorgungsausgleichs enthalten. Diese
Verträge, die der Genehmigung durch das Familiengericht bedürfen,
wirken nur für den Fall der rechtskräftigen Scheidung der Ehe. Mit der
Scheidung der Ehe endet aber ohnehin der Güterstand.

e) Die **Rechtswahl gemäß § 15 Abs. 2 EGBGB** (Güterstand verschiede- **95a**
ner Staatsangehöriger, abgedruckt *Weingärtner*, Notarrecht, Ord.-
Nr. 400) ist ebenfalls nach § 16 Abs. 2 DONot dem Standesamt zu mel-
den, da sich dies beim Tode eines Ehepartners auf den Erbteil auswirken
kann (§ 1371 BGB). Siehe hierzu MittNotK Koblenz, abgedruckt in
Weingärtner, Notarrecht, Ord.-Nr. 270 a).

VI. Besondere Einzelprobleme

Im folgenden handelt es sich überwiegend um **Hinweise** oder **Empfehlungen.** Der Notar ist ein »**unabhängiger Träger eines öffentlichen Amtes**« (§ 1 BNotO). Die Aufsichtsbefugnisse der Aufsichtsbehörden enden dort, wo in diese gesetzlich garantierte Unabhängigkeit des Notars eingegriffen wird. Wie der Richter in seiner Entscheidung und in dem zur Entscheidung hinführenden Verfahren nur an das Gesetz gebunden und insoweit von jeder wie auch immer gestalteten Aufsicht freigestellt ist, so bedarf auch der Notar bei der Abwicklung des einzelnen Amtsgeschäftes der Unabhängigkeit (*Schippel*, DNotZ 1965, 601). Dabei muß dem Notar bei der Ausübung der ihm übertragenen Aufgaben auch ein gewisser Entscheidungsspielraum eingeräumt werden. Die Dienstaufsicht darf daher wohl eingreifen, wenn z. B. der Notar ein nicht mehr geltendes Gesetz anwendet oder ein geltendes Gesetz außer acht läßt oder sich über zwingende Verfahrensvorschriften hinwegsetzt. Dagegen können Auslegungsfehler, unzutreffende Anwendungen unbestimmter Rechtsbegriffe, unzutreffende Ermessensentscheidungen rechtlich nicht geahndet werden, selbst dann nicht, wenn die vom Notar gewählte Auslegung unter keinem denkbaren Gesichtspunkt aufrechterhalten werden kann (*Schippel*, aaO, S. 605; *Weingärtner/Schöttler*, § 32, RZ 527 a).

   Im folgenden soll jedoch nicht jeweils unterschieden werden, ob eine andere Handhabung durch den Notar in den angesprochenen Fällen ein Recht zur Beanstandung gibt; entscheidend soll vielmehr sein, daß hier **Hinweise** gegeben werden, **um eine mögliche Haftung des Notars auszuschalten.**

1. Fragen im Zusammenhang mit der Vereinbarung der VOB und eines Gewährleistungsausschlusses

Es ist zu unterscheiden, ob die VOB – i. d. R. der Teil B – gegenüber einem im Baugewerbe kundigen Vertragspartner oder einem weder in diesem Gewerbe oder sonst im Baubereich bewanderten Vertragspart-

96

97

ner vereinbart werden soll. Im 1. Falle genügt ein Hinweis, um sie in den Vertrag einzubeziehen (BGHZ 86, 138). anders im 2. Fall (BGH, WM 1990, 437 = BGHZ 109, 195; BGH, NJW-RR 1992, 913): Der bloße Hinweis reicht nicht aus. Der »Laie« soll Gelegenheit erhalten, sich beim Vertragsschluß mit dem Inhalt der VOB – und zwar mit dem vollen Text (BGH, WM 1991, 113) – vertraut zu machen.

Wird der »Laie« jedoch durch einen Baufachmann, z. B. durch einen Architekten vertreten, soll der Kenntnisstand des Vertreters als Fachmann ausreichen, so daß die Bezugnahme auf die VOB ausreicht (OLG Hamm, NJW-RR 1988, 1366 und NJW-RR 1991, 277).

Wie die Einbeziehung der VOB – voller Text! – beim »Nichtfachmann« zu erfolgen hat, ob durch Vorlage, Übergabe oder Hinweis auf die Möglichkeit der Einsichtnahme, verrät der BGH nicht. Zum Meinungsstand siehe: BGH, ZfBR 1990, 69/70. Das OLG München (BauR 1992, 69) verlangt die Übergabe an den Beteiligten. *Frieling* (DAI 1992/93, 24) empfiehlt vorsorglich, sich der strengeren Auffassung anzuschließen. Das bedeutet (*Frieling*, aaO):
– entweder den gesamten Text der VOB/B in der Vertragsurkunde wiederzugeben, z. B. durch Einfügen der VOB/B in den Vertrag, so daß eine einzige Urkunde entsteht,
– oder (neben einem ausdrücklichen Hinweis auf die Geltung der VOB/B im Vertrag) für eine unaufgeforderte beweisbare Übergabe der VOB/B an den Beteiligten bei Vertragsabschluß zu sorgen.

Im letzteren Fall muß der Notar sich die Übergabe durch Unterschrift bestätigen lassen (sodann Umkehr der Beweislast). Dabei genügt nicht die bloße Unterschrift unter der notariellen Niederschrift. Es sind zwei Unterschriften nötig: die Unterschrift unter dem Vertrag und die Unterschrift unter dem Empfangsbekenntnis. Das Empfangsbekenntnis muß nicht in einer besonderen Urkunde enthalten sein, muß aber vom eigentlichen Vertragstext deutlich getrennt sein (*Frieling*, aaO).

Problematisch ist die Einbeziehung nur einzelner Bestimmungen der VOB durch die jüngste Rechtsprechung geworden:

98 Die **formularmäßige »isolierte« Einbeziehung der Gewährleistungsregelung** der VOB/B in einem Bau- oder Bauträgervertrag ist wegen Verstoßes gegen das AGB-Gesetz unwirksam (BGH, NJW 1985, 315); es sei denn, die Verjährungsfrist beträgt in Abänderung von § 13 Satz 4 VOB generell 5 Jahre (BGH, NJW 1989, 602). Der BGH hält die Ge-

währleistungsregelung nach VOB nur dann für zulässig, wenn die gesamte VOB ohne ins Gewicht fallende Einschränkung von den Parteien übernommen wird. Die ungünstige Klausel ist allerdings dann wirksam, wenn sie auf eine vom Auftraggeber selbst gestellte Vertragsbedingung zurückgeht (BGH, WM 1987, 214).

Eine ins Gewicht fallende Einschränkung der VOB liegt auch dann vor, wenn die Anwendung wesentlicher Bestimmungen zwar nicht vertraglich, wohl aber tatsächlich ausgeschlossen und dies den Beteiligten bewußt ist; denn die Einbeziehung der VOB als »Ganzes«, z. B. in dem Bauträgervertrag, hätte in einem solchen Falle hinsichtlich der bereits erbrachten Bauleistung lediglich den Sinn, dem Bauträger die kurze Gewährleistungsfrist zu verschaffen (Landesnotarkammer Bayern im Rundschreiben vom 28. 1. 1986). Die Landesnotarkammer Bayern hat darauf hingewiesen, daß der Notar ein Ansuchen, bei der Beurkundung eines Vertrages § 13 VOB »isoliert« oder »als Ganzes« im oben geschilderten Sinne formularmäßig einzubeziehen, ablehnen muß, wenn er sich keiner Amtspflichtverletzung schuldig machen will.

Das OLG Hamm (DNotZ 1987, 696 m. Anm. von *Kanzleiter*) hat sogar   99
entschieden, daß der Notar sich schadensersatzpflichtig macht, wenn er eine nach obigen Grundsätzen »unwirksame Gewährleistungsklausel« beurkundet. Das Urteil ist allerdings auf berechtigte Kritik gestoßen, da bei Abfassung des Vertrages die Rechtsprechung zu diesen Fragen noch »im Fluß« war.

Auch Haftungsausschlußklauseln im **Individualvertrag**, wie z. B. »der   100
Veräußerer haftet nicht für sichtbare Mängel« oder »wie besehen«, können unwirksam sein. Nach der Rechtsprechung des BGH ist ein in einem Individualvertrag enthaltener formelhafter – ganzer oder teilweiser – Ausschluß der Gewährleistung für Sachmängel beim Erwerb neuerrichteter oder noch zu errichtender Eigentumswohnungen und Häuser gem. **§ 242 BGB** dann unwirksam, wenn die einschneidenden Rechtsfolgen einer solchen Freizeichnung nicht vorher zwischen den Vertragsparteien eingehend erörtert worden sind und der Erwerber darüber nicht nachhaltig belehrt worden ist (BGH, WM 1984, 1027; BGH, WM 1987, 1367 ff.; DNotZ 1988, 292 ff. m. abl. Anm. von *Brambring*). Der BGH unterzieht nämlich in Einzelfällen bestimmte Individualverträge, die gem. § 1 Abs. 2 AGBG nicht dem AGBG unterliegen, der gerichtli-

chen Inhaltskontrolle, wenn es zum Schutz eines Beteiligten erforderlich ist. Ein solches Schutzbedürfnis bejaht er stets, wenn in einen notariell beurkundeten Individualvertrag über Veräußerung und Erwerb neu errichteter Häuser und Eigentumswohnungen eine formelhafte Freizeichnung des Veräußerers aufgenommen wird und mit den Vertragsparteien der Gewährleistungsausschluß nicht eingehend erörtert, insbesondere der Erwerber über die einschneidenden Rechtsfolgen einer derartigen Freizeichnung nicht ausführlich belehrt wird. Dabei liegt nach Ansicht des BGH eine formelhafte Klausel immer schon dann vor, wenn diese üblicherweise in Formularverträgen zu finden und nicht auf den Individualvertrag zugeschnitten ist (BGH, WM 1987, 1367 ff.).

Entsprechendes gilt für den Erwerb einer Eigentumswohnung, die durch Umwandlung eines Altbaues (BGH, WM 1988, 1028) oder die durch Umwandlung eines Bungalows in ein Haus mit zwei Eigentumswohnungen geschaffen worden ist (NJW 1989, 2748). *Keim* (S. 197 ff.) setzt sich mit diesem Urteil sehr kritisch ablehnend auseinander.

101   Da der BGH augenscheinlich somit jeden schriftlich niedergelegten Gewährleistungsausschluß als »formelhaft« betrachtet, muß der Notar bei der Abfassung der Urkunde darauf achten, daß er seine Belehrung nachdrücklich dokumentiert. Es empfiehlt sich, in den seltenen Fällen des Individualvertrages über ein neu errichtetes Bauwerk in die Urkunde eine Zusammenfassung der gesetzlichen Gewährleistungsansprüche einschließlich der hierfür geltenden Verjährungsfristen sowie eine entsprechende Verzichtserklärung des Erwerbers aufzunehmen (*Pauker*, MittBayNot 1987, 121 f., Fn. 10; *Kanzleiter*, DNotZ 1987, 665) – wobei allerdings wiederum die Gefahr bestehen könnte, daß der BGH die im Laufe der Zeit auch standardisierte Formel konsequenterweise auch wiederum als »formelhaft« bezeichnen könnte.

102   In diesem Zusammenhang soll darauf hingewiesen werden, daß der BGH auch die »isolierte« Einbeziehung des § 16 Nr. 3 Nr. 2 VOB/B (keine Nachforderungen bei vorbehaltloser Annahme der Schlußzahlung) für unwirksam erklärt hat (WM 1987, 1498).

Ausführlich zu diesen Fragen: *Schünder*, Angriffs- und Verteidigungsstrategie nach dem AGB-Gesetz.

2. Aufnahme von eidesstattlichen Versicherungen

Literaturhinweis: Dieterle, BWNotZ 1987, 13.

Fall: 103

Ein Mandant bittet den Notar, eine eidesstattliche Versicherung aufzunehmen,
a) weil er und eine Privatperson die Glaubhaftmachung einer Tatsache mittels eidesstattlicher Versicherung vertraglich vereinbart haben,
b) weil die Satzung einer juristischen Person – z. B. Dachverband von Sportorganisationen zur Teilnahme von ausländischen Sportlern an Wettbewerben im Inland – die eidesstattliche Versicherung als besonderes Mittel der Glaubhaftmachung einer Tatsache vorsieht,
c) weil eine private Haftpflichtversicherung dies verlangt,
d) weil er unter Umgehung eines gerichtlichen Beweissicherungsverfahrens die Erklärungen im späteren Prozeß dem Gericht vorlegen will,
e) wobei er im letzten Fall einen der Beteiligten im Prozeß vertritt.

Nach § 22 Abs. 2 BNotO ist der Notar berechtigt zur **Aufnahme** von 104
eidesstattlichen Versicherungen in den Fällen, in denen gegenüber einer
Behörde oder einer **sonstigen Dienststelle** eine tatsächliche Behauptung
oder Aussage glaubhaft gemacht werden soll. (Zur **Abnahme** einer eidesstattlichen Versicherung siehe § 22 I BNotO).

Es fragt sich daher, ob der Notar in den obigen Fällen die eidesstattliche Versicherung aufnehmen muß, aufnehmen darf oder seine Tätigkeit verweigern muß.

Nach § 22 Abs. 2 BNotO ist folgendes zu prüfen: 105

a) Ist die Behörde, für die die eidesstattliche Versicherung bestimmt ist, zur Abnahme einer solchen befugt? Die eidesstattliche Versicherung genießt nämlich dann nur die Strafsanktion des § 156 StGB.

Behörden dürfen eidesstattliche Versicherungen nur zur Sachverhaltsermittlung und dann nur verlangen, wenn die Abnahme der eidesstattlichen Versicherung über den betreffenden Gegenstand und in dem betreffenden Verfahren durch Gesetz oder Rechtsverordnung vorgesehen und die Behörde durch Rechtsverordnung für zuständig erklärt ist (§ 27 VwVfG).

Kürzer: Dies ist nur dann der Fall, wenn die Abgabe einer falschen eidesstattlichen Versicherung nach § 156 StGB strafbar wäre.

b) Wenn die Behörde daher im **konkreten Fall** zur Entgegennahme der eidesstattlichen Versicherung befugt ist, muß der Notar die eidesstattliche Versicherung auch aufnehmen. Nach § 15 BNotO ist er hierzu verpflichtet.

Wenn Zweifel bestehen, ob die Behörde in diesem Sinne zuständig ist und dieses nicht abschließend zu klären ist, so muß der Notar nach § 17 Abs. 2 Satz 2 BeurkG verfahren und seine Bedenken und die Belehrung in der Niederschrift vermerken.

Formulierungsvorschlag nach *Dieterle* (BWNotZ 1987, 13):

»Nach Hinweis des Notars auf die Bedeutung einer eidesstattlichen Versicherung, insbesondere auf die strafrechtlichen Folgen falscher Angaben, versichere ich hiermit an Eides Statt, daß mir nichts bekannt ist, was der Richtigkeit meiner Angaben entgegensteht. Der Notar hat mich darauf hingewiesen, daß im heutigen Beurkundungstermin nicht abschließend geklärt werden kann, ob diese Behörde zur Abnahme der eidesstattlichen Versicherung zuständig ist und ob die strafrechtlichen Folgen der §§ 156, 163 StGB daher überhaupt eintreten.«

106 Nach *Huhn/v. Schuckmann* (§ 38 RZ 10) ist der Notar jedoch nicht verpflichtet, in jedem Fall zu prüfen, ob der ersuchenden Behörde diese Befugnis zusteht. Wenn er aber Zweifel an der Zuständigkeit hat, hat er die Beteiligten auch darüber zu unterrichten (*Huhn/v. Schuckmann*, aaO, RZ 20).

Weiß der Notar, daß die Behörde zur Abnahme der eidesstattlichen Versicherung im konkreten Fall nicht zuständig ist, muß er die Beurkundung ablehnen, selbst wenn der Erschienene trotz entsprechender Belehrung die Beurkundung wünscht (Dieterle, aaO); anderenfalls begeht er eine Dienstpflichtverletzung (*Huhn/v. Schuckmann*, aaO, RZ 10; *Mecke/Lerch*, § 38, RZ 6; *Jansen*, § 38, RZ 12, a. A. h. M. *Seybold/Hornig*, § 22, RZ 11; *Keidel/Kuntze/Winkler*, § 38, RZ 6).

107 Um zu dokumentieren, daß der Notar tatsächlich die o. g. Prüfung auch vorgenommen hat, soll er in der Niederschrift der Urkunde den Verwendungszweck der eidesstattlichen Versicherung angeben.

In den eingangs aufgeführten Fällen a-c darf der Notar somit die eidesstattliche Versicherung nicht aufnehmen.

Er ist jedoch berechtigt, die eidesstattliche Versicherungserklärung des Mandanten entgegenzunehmen und lediglich die Unterschrift zu beglaubigen. Er kann sogar die eidesstattliche Versicherung entwerfen und dann die Unterschriftsbeglaubigung vornehmen. Diese Form der Beurkundung soll er zwar möglichst vermeiden, sie ist aber nicht unzulässig, da die vor der Unterschriftsbeglaubigung stehende Erklärung eine Privaterklärung bleibt, auch wenn sie der Notar entworfen hat (h. M., statt vieler *Huhn/v. Schuckmann*, aaO, RZ 1; a. A. *Dieterle*, aaO).

In dem oben gewählten Beispiel d (eidesstattliche Versicherung für ein 108 Zivilverfahren) ist die Aufnahme der eidesstattlichen Versicherung nach § 22 Abs. 2 BNotO zwar nicht unzulässig; der Notar hat aber die Beteiligten darüber zu belehren, daß im gerichtlichen Prozeßverfahren i. d. R. Glaubhaftmachung nicht genügt, sondern voller Beweis erbracht werden muß (*Huhn/v. Schuckmann*, aaO, RZ 15).

Im Fall e darf er allerdings dann nicht die Versicherung aufnehmen, da er als Anwalt einen materiell Beteiligten vertritt, § 16 BNotO, § 3 I 5 BeurkG. Das gilt auch für die Unterschriftsbeglaubigung, wenn er als Notar den Entwurf gefertigt hat.

3. Fernbeglaubigung

Fernbeglaubigungen kommen sicherlich selten, aber immer wieder, ins- 109 besondere bei Unterschriftsbeglaubigungen ohne Entwurf vor.

Nach § 40 BeurkG soll der Notar eine Unterschrift nur beglaubigen, wenn sie in seiner Gegenwart vollzogen oder anerkannt wird. Das bedeutet jedoch nicht, daß er in Ausnahmefällen berechtigt sein soll, eine Fernbeglaubigung vorzunehmen. Die Unterschrift muß in Gegenwart des Notars vollzogen oder vor ihm anerkannt worden sein. Der Notar kann zwar den Entwurf der Urkunde den Beteiligten zusenden und sie bitten, diesen zu unterschreiben. Er darf die Unterschrift jedoch nur dann beglaubigen, wenn der Beteiligte vor ihm erklärt, daß dies seine Unterschrift sei. Es genügt nicht, daß die Beteiligten ihm dies schriftlich oder fernmündlich oder gegenüber dem Bürovorsteher bestätigen oder daß ein Dritter, der den Beteiligten kennt, die Unterschrift als echt bestätigt.

Erstaunlicherweise werden solche Fernbeglaubigungen gelegentlich entdeckt, und zwar entweder dadurch, daß sich ein Mandant wegen einer anderen Sache beschwert und dabei gewollt oder ungewollt auf diesen Umstand hinweist oder in den Handakten des Notars sich ein Schriftwechsel findet, wonach die Unterschriften zugesandt und dem Notar beglaubigt zurückgeschickt worden sind.

Fernbeglaubigungen deuten nicht nur auf eine allgemeine Laxheit des Notars hin, sie werden auch dienst- und strafrechtlich als Falschbeurkundung geahndet (OLG Frankfurt, DNotZ 1986, 421; OLG Celle, Nds. Rechtspfl. 1986, 199; *Mecke/Lerch,* § 40 RZ 11).

In dem vom BGH entschiedenen Fall (DNotZ 1988, 259) hatte der Notar nach Entdeckung von Fernbeglaubigungen auf sein Amt verzichtet. Der BGH verbot dem Notar wegen seiner Dienstpflichtverletzung den Titel »Notar a. D.« zu tragen.

4. Wechselproteste

110   Nach § 20 Abs. 1 Satz 2 WG muß der Notar in der Protesturkunde angeben, daß der Protestgegner zur Vornahme der wechselrechtlichen Leistung vergeblich aufgefordert worden oder nicht anzutreffen gewesen sei oder seine Geschäftsräume oder seine Wohnung sich nicht hätten ermitteln lassen.

Gelegentlich findet sich in den nach § 20 DONot zu errichtenden Vermerkblättern die Wendung

»Im Auftrage der Stadtsparkasse . . . begab ich mich heute zum Geschäftslokal derselben in . . ., um den angehafteten Wechsel vorzuzeigen. Das Geschäftslokal war geschlossen.«

In einem solchen Fall könnte der Verdacht bestehen, daß der Notar die Geschäftsstelle überhaupt nicht aufgesucht und er infolgedessen eine Falschbeurkundung vorgenommen hat. Ohne besonderen Grund wird nämlich kaum ein Anlaß gegeben sein, das Geschäftslokal eines Kreditinstituts außerhalb der allgemeinen bekannten Geschäftszeiten aufzusuchen.

111   Im übrigen gehört es zu den Amtspflichten des Notars, Vorlegungsversuche außerhalb der bekannten üblichen Geschäftsstunden nach Möglichkeit zu vermeiden, also den Protestgegner nicht absichtlich zu einer Zeit aufzusuchen, zu der er nach allgemeinen Geschäftsgebräuchen i. d. R. nicht anzutreffen ist (*Stranz,* Kommentar zum WG, 14. Aufl., Art. 86 Anm. 1; *Weingärtner/Schöttler,* RZ 313).

Bedenken gegen die Wirksamkeit eines sog. Wandprotestes ergeben sich jedenfalls dann nicht, wenn der Wechsel vor Protesterhebung der Zahlstelle vorgelegen, diese nicht gezahlt hat und aus diesem Grund Protestauftrag erteilt worden ist (OLG Hamm, Urteil vom 1. 9. 1987 – Z U 94/87 –, MittBayNot 1988, 87).

5. Blankounterschriften

Nach § 40 Abs. 5 BeurkG ist die Beglaubigung von Blankounterschriften zulässig, aber als solche auch zu kennzeichnen. 112

Der Notar soll aber nur eine Unterschrift ohne zugehörigen Text beglaubigen, wenn die Beteiligten glaubhaft machen, daß sie die Beglaubigung vor Festlegung des Urkundsinhalts benötigen. Im Beglaubigungsvermerk soll er angeben, daß bei Beglaubigung ein durch die Unterschrift gedeckter Text nicht vorgelegen hat. *Hornig* (DNotZ 1953, 258) empfiehlt, außerdem die Gründe, die die Beteiligten über die Notwendigkeit der Blankounterschrift angegeben haben, festzuhalten.

Wenn der Notar den Eindruck hat, daß die Beglaubigung der Blankounterschrift nur deshalb von ihm verlangt wird, damit er vom Inhalt der Urkunde nicht Kenntnis nehme, muß er den Beglaubigungsvermerk ablehnen (*Huhn/v. Schuckmann*, § 40, RZ 15 m. w. Zit.; *Mecke/Lerch*, § 40, RZ 15).

Die Vorschrift des § 40 Abs. 5 ist entsprechend auch auf Unterschriftsbeglaubigungen unter lückenhaftem Text anzuwenden. In solchen Fällen ist es dem pflichtgemäßen Ermessen des Notars überlassen, ob er die Lücken im Beglaubigungsvermerk bezeichnen will (*Hansen*, § 40 Rdn. 16; *Rohs*, S. 81). Eine solche Angabe ist jedenfalls nötig, wenn in einer Vollmacht der Name des Bevollmächtigten fehlt oder der Umfang der Vollmacht erkennbar unvollständig bezeichnet ist. 113

6. Blankettbeglaubigungen

Beispiel: 114
Vertreter eines Kreditinstituts vollziehen oder erkennen vor einem Notar ihre Unterschrift an, ohne daß sich hierüber ein Text oder nur ein unvollständiger Text befindet. Der Notar setzt zunächst noch keinen Beglaubigungsvermerk hinzu, sondern erst später, nachdem über die Unterschrift ein Text geschrieben bzw. der unvollständige Text ergänzt worden war.

Aus dem Beglaubigungsvermerk war nicht ersichtlich, daß im Zeitpunkt der Anerkennung oder Vollziehung der Unterschrift ein Text nicht bzw. nicht vollständig vorhanden gewesen war.

Hierzu hat die Notarkammer Koblenz (Jahresbericht 1986) die Auffassung vertreten, daß dieses Verfahren **unzulässig** sei, da sich aus dem

Wortlaut des § 40 Abs. 5 Satz 2 BeurkG ergebe, daß unter Beglaubigung die Vollziehung/Anerkennung der Unterschrift vor dem Notar zu verstehen sei und nicht die Anbringung des Beglaubigungsvermerks. Da im Zeitpunkt der Wahrnehmung des Notars ein Text nicht bzw. nicht vollständig vorhanden gewesen sei, müsse der Beglaubigungsvermerk entsprechend § 40 Abs. 5 BeurkG formuliert werden.

7. Allgemeine Hinweise zur Belehrungspflicht

115 **Literaturhinweise:** *Reithmann/Röll/Geßele*, Handbuch der notariellen Vertragsgestaltung, 5. Auflage; *Haug*: Haftpflichtfragen in: »Arbeitsunterlagen des Deutschen Anwaltsinstituts e. V.«, Bochum 1988, RZ 34; *Haug*, Die Amtshaftung des Notars, RZ 401 ff.; *Keim*, Das notarielle Beurkundungsverfahren, S. 120 ff. *Rinsche*: Die Haftung des Rechtsanwalts und des Notars, 4. Aufl.

Die o. a. Literatur und die Kommentierungen zu § 17 BeurkG behandeln dieses Thema ausführlich. Hier soll nur auf folgendes hingewiesen werden.

Bei reinen Unterschriftsbeglaubigungen bestehen keine Belehrungspflichten. Der Notar hat sie aber abzulehnen, wenn der Inhalt der Schrift gegen ein gesetzliches Verbot oder gegen die guten Sitten verstößt oder wenn ein Mitwirkungsverbot in Betracht kommt (*Haug*, RZ 416 a. E.).

Es besteht aber eine Prüfungs- und Belehrungspflicht bei einer Unterschriftsbeglaubigung, wenn sie sich auf einen von dem Notar vorher gefertigten Entwurf bezieht, selbst dann, wenn er den Text in zurückliegender Zeit in seiner Eigenschaft als Anwalt aufgesetzt hatte (*Haug*, RZ 416).

Fraglich kann sein, ob es sich allgemein empfiehlt, die Tatsache der Belehrung in der Urkunde zu vermerken. Im Haftungsprozeß kann die Situation für den Notar ungünstig sein, wenn der Kläger behauptet, nicht oder nicht ausreichend belehrt worden zu sein. In der Regel kann sich der Notar an die einzelnen Vorgänge bei der Beurkundung nicht mehr erinnern. Der Richter kann dazu neigen, aus den unbestimmten Erklärungen des Notars ein Eingeständnis seines Verschuldens zu folgern, weil er sich in die Situation des Notars schwer hineinzusetzen vermag.

In bestimmten Fällen schreibt der Gesetzgeber ausdrücklich vor, daß die Tatsache der Belehrung in die Niederschrift aufgenommen wird.

Haug (aaO, RZ 34) hat die wichtigsten Fälle wie folgt zusammenge-
stellt:

a) Zweifel über die Wirksamkeit des Rechtsgeschäftes nach § 17 Abs. 2 Satz 2 BeurkG.
b) Nach § 18 BeurkG soll der Notar auf die erforderlichen gerichtlichen oder behördlichen Genehmigungen oder Bestätigungen oder auf etwa darüber bestehende Zweifel
die Beteiligten hinweisen und dies in der Niederschrift vermerken. Nach herrschender
Meinung hat er die einzelnen Tatbestände einzeln in der Niederschrift anzuführen
(*Keidel/Kuntze/Winkler*, FGG, 11. Aufl., § 18 BeurkG, RZ 18[1]).
c) Bei Eintragungen im Grundbuch oder im Handelsregister ist über die Unbedenklichkeitsbescheinigung des Finanzamtes (§ 19 BeurkG) zu belehren.
d) Nach § 20 BeurkG ist über die gesetzlichen Vorkaufsrechte zu belehren, (neu: § 570b
BGB. Der Notar ist allerdings grundsätzlich nicht verpflichtet zu klären, ob die Voraussetzungen des § 570 b BGB vorliegen. Zur Vornahme etwaiger Vorkaufsrechtsan-
fragen ist er nur verpflichtet, wenn die Beteiligten ihn hierzu beauftragt haben, was allerdings vielfach zweckmäßig sein dürfte.)
e) Zur Beurkundung ohne Grundbucheinsicht: siehe oben V 6, RZ 75.
f) Bei der Abtretung oder Belastung eines Briefpfandrechts muß vermerkt werden, ob der
Brief vorgelegen hat, § 21 II BeurkG.
g) Wird die Gültigkeit eines Rechtsgeschäftes möglicherweise durch ausländisches Recht
berührt, so sollte der Notar mangels eigener Kenntnis die Beurkundung von der Ein-
holung eines Rechtsgutachtens abhängig machen (Hinweise in Weingärtner, Notarrecht, Ord.-Nr. 430). Es ist zweifelhaft, ob der bloße Belehrungsvermerk nach § 17
Abs. 3 BeurkG, daß ausländisches Recht in Frage komme, zur möglichen Entlastung
bei einer Unwirksamkeit des beurkundeten Geschäftes genüge. Zumindest ist der Vermerk nach § 17 Abs. 2 Satz 2 BeurkG zu bringen.

Ob über die vorgeschriebenen oder besonders empfehlenswerten Beleh- **116**
rungsvermerke hinaus weitere Vermerke aufzunehmen sind, hängt von
dem jeweiligen Einzelfall ab. Würden alle Belehrungen in der Niederschrift vermerkt, würde der materiellrechtlich bedeutsame Text völlig
überwuchert werden. »Ein Übermaß an Bedenklichkeitsvermerken
würde das notarielle Urkundswesen zum Schaden des Urkundsrechts
und des Ansehens des Notariats mit einem Schein formaler Zweifel be-
lasten« (BGH, DNotZ 1974, 201). Es wäre deshalb auch falsch, aus der
Tatsache, daß über eine Vielzahl von Punkten ein Belehrungsvermerk in
der Urkunde aufgenommen worden ist, die Belehrung über einen bestimmten Punkt jedoch fehlt, zu folgern, daß insoweit aber eine Belehrung nicht stattgefunden hat (OLG Frankfurt, DNotZ 1951, 462).

Allerdings verlangt die Rechtsprechung andererseits immer mehr Beleh- **117**
rungen zum materiellen Recht. Man denke nur an die Auflassungsvor-

---

1 Bestätigt vom BGH, NJW 1993, 648

merkung (BGH, WM 1988, 1752), die Verkürzung der Gewährlei-
stungsfristen (Einbeziehung der VOB, siehe oben RZ 97), Gewährlei-
stungsausschlußklauseln (siehe oben RZ 100), Aufrechnungsausschluß
beim Verwahrungsgeschäft (siehe unten RZ 151), rechtliche Unsicher-
heiten (OLG Köln, BB 1991, 1211), rechtliche Tragweite (BGH,
DNotZ 1976, 54).

8. Allgemeine Hinweise zur steuerlichen Belehrungspflicht

118 Der Notar ist regelmäßig nicht verpflichtet, über die **wirtschaftlichen
und steuerlichen Auswirkung**en eines von ihm beurkundeten Rechtsgeschäftes zu belehren oder gar Wege aufzuzeigen, wirtschaftliche oder
steuerliche Nachteile zu vermeiden. Eine solche Pflicht kann nur ausnahmsweise in sehr speziellen Einzelfällen bestehen (BGH, NJW-RR
1992, 1178; BGH, NJW 1985, 1285). In § 13 ErbStDV (Weingärtner,
Notarrecht, Ord.-Nr. 531) ist allerdings die Belehrungspflicht bei
Schenkungen und Zweckzuwendungen unter Lebenden vorgeschrieben. Hier muß der Notar »auf die mögliche Steuerpflicht« hinweisen,
ohne jedoch über die Höhe der Steuerlast zu belehren.

119 Hinsichtlich der **Grunderwerbsteuer** ist er lediglich verpflichtet, die
Beteiligten zu belehren, daß die Eintragung im Grundbuch nicht erfolgen kann, bevor die Unbedenklichkeitsbescheinigung des Finanzamtes
vorliegt. Er braucht jedoch nicht über die Höhe der Steuer, nicht einmal
darüber, ob sie überhaupt anfällt, zu belehren, ebensowenig über die
Voraussetzungen einer möglichen Steuerbefreiung (BGH, WM 1980,
935).

120 Es besteht keine Belehrungspflicht, wie sich das Rechtsgeschäft auf die
Einkommen- oder Vermögensteuer auswirkt, ob also dem Erwerber
eines Hauses Abschreibungen nach dem EStG zustehen, ob der Veräußerer zur **Spekulationsteuer** herangezogen wird[2] oder er wegen eines
im Betriebsvermögen stehenden Grundstücks Einkommensteuer aus
dem Gesichtspunkt der Realisierung stiller Reserven zu zahlen hat.

---

2 Wohl aber, wenn er vor oder während der Beurkundung davon Kenntnis erhält, daß der Verkäufer
das Grundstück vor weniger als 2 Jahren erworben hat (BGH, DNotZ 1989, 452, OLG Koblenz,
MittRheinNotK 1993, 170).

Er muß aber nach § 17 Abs. 1 Satz 2 BeurkG auf die Gefahr einer **121** Steuerpflicht dann hinweisen, wenn er aufgrund besonderer Umstände Anlaß zu der Besorgnis haben muß, einem Beteiligten drohe ein Schaden, weil ihm wegen mangelnder Kenntnis der Sachlage von Sachumständen, welche die Bedeutung des zu beurkundenden Rechtsgeschäftes für seine Vermögensinteressen beeinflussen, eine Gefährdung seiner Interessen nicht bewußt ist (BGH, Versicherungsrecht 1983, 182).

Er hat auf die Möglichkeit, daß eine Steuerpflicht entstehen könnte, **122** auch dann hinzuweisen, wenn bei einer durch ihn vorgeschlagenen ungewöhnlichen Konstruktion eines Grundstückskaufvertrages ein unerfahrener Beteiligter die auf die besondere Vertragsgestaltung zurückzuführende Möglichkeit der Begründung einer Steuerpflicht nicht erkennt (BGH, Wertpapiermitteilungen 1979, 203).

Wenn der Notar ohne eine dahin gehende Verpflichtung über steuer- **123** rechtliche Folgen berät und dabei eine unrichtige, unklare oder nicht erkennbar unvollständige Auskunft erteilt und dem Beteiligten hierdurch ein Schaden entsteht, macht er sich ersatzpflichtig (BGH, Versicherungsrecht 1983, 182). Um sich von vornherein gegen mögliche Schadensersatzansprüche abzusichern, könnte die nachstehende Klausel hilfreich sein.

Der Notar wies die Parteien darauf hin, daß er keine Haftung dafür übernehmen könne, ob etwaige von den Parteien erwartete oder nicht erwartete, mit diesem Vertrag verbundene Steuerfolgen eintreten oder nicht eintreten. Eine steuerliche Beratung durch den Notar ist mit diesem Vertrag nicht verbunden.

Bei der komplizierten Steuergesetzgebung und Rechtsprechung sollte der Notar bei Zweifeln deshalb stets die Hilfe eines Steuerberaters in Anspruch nehmen.

Es besteht auch die Möglichkeit, verbindliche Auskünfte über die steu- **124** erliche Auswirkung von Rechtsgeschäften durch die Finanzämter zu erhalten (siehe Schreiben des Bundesministers der Finanzen vom 24. 6. 1987 – IV A 5 – S 0430 – 9/87, abgedruckt in Weingärtner, Notarrecht, Ord.-Nr. 500 a).

Die Finanzbehörde erteilt keine allgemeinen Auskünfte, sondern gibt jeweils nur Auskunft auf eine konkrete Rechtsfrage bezogen.

9. Allgemeine Hinweise zu den Kosten

Hier soll nur auf zwei Punkte hingewiesen werden:

125 a) An die inhaltliche Genauigkeit der Kostenberechnungen werden strenge Anforderungen gestellt, da sie nach § 155 KostO zur Zwangsvollstreckung geeignete Titel sind. Notarielle Kostenberechnungen, die den Formerfordernissen des § 154 KostO nicht entsprechen, haben z. B. keine verjährungsunterbrechende Wirkung (OLG Frankfurt, JurBüro 1986, 1074) und bilden keine geeignete Grundlage für ein gerichtliches Nachprüfungsverfahren gem. § 156 KostO, d. h., sie werden ohne sachliche Prüfung ersatzlos aufgehoben. Das »Zitiergebot« des § 154 Abs. 2 KostO bezieht sich nicht nur auf die einzelnen Paragraphen, sondern auch auf deren **Absätze** und **Ziffern**, falls diese verschiedene Gebührensätze vorsehen (OLG Hamm, JurBüro 1981, 419; *Schüttler*, in: *Weingärtner/Schöttler*, RZ 1 im kostenrechtlichen Leitfaden m. w. Nachw.).

126 b) Vermutlich werden – mehr als offiziell bekannt – unzulässige Gebührenermäßigungen dadurch gewährt, daß zwar richtige Kostenberechnungen ausgestellt, aber absprachegemäß nicht voll eingefordert werden. Wenn sich solche Hinweise auf einen bestimmten Notar verdichten, wird in solchen Fällen auch der tatsächliche Eingang der Gelder überprüft.

Nach § 13 RLNot ist ein Gebührenerlaß oder eine Ermäßigung, abgesehen von den gerichtlichen Gebührenbefreiungs- und Ermäßigungsvorschriften und der falschen Sachbehandlung (§ 16 KostO), nur zulässig, wenn sie durch eine wirkliche Pflicht oder durch eine auf den Anstand zu nehmende Rücksicht geboten sind und die Notarkammer allgemein oder im Einzelfall zustimmt (siehe Weingärtner/Schöttler, RZ 551 b). In einzelnen Gerichtsbezirken wird deshalb stichprobenweise überprüft, ob die berechneten Gebühren auch tatsächlich vom Notar in voller Höhe eingezogen worden sind.

VII. Fehler beim Verwahrungsgeschäft

– dargestellt an einer Hinterlegungsvereinbarung –

Literaturhinweise: *Bräu*, Verwahrungstätigkeit des Notars; Zimmermann, Verwahrungs-geschäft, DAI 1994, 262 ff.; *Haug*, Leitfaden zu den Anforderungen und Risiken der notariellen Verwahrungstätigkeit; *Zimmermann*, Das Anderkonto, DAI 1994 u. in *Kersten/Bühling* RZ 51 f.; *Brambring*, Kaufpreiszahlung über Notaranderkonto in DNotZ 1990, 615 ff.

Hinweis:
Der Gesetzgeber hat vorgesehen, die notarielle Verwahrung in §§ 54 a-d Beurkundungsgesetz neu zu regeln (Entwurf siehe Anhang). Die Regelung kann schon jetzt als Leitfaden dienen.

1. Allgemeines

a) Vorgetäuschte Sicherheit

Bei Treuhandgeschäften hat der Notar gegenüber den Beteiligten eine 127 besondere Verantwortung. Der Laie schließt i. d. R. nur einmal in seinem Leben einen solchen Vertrag und verfügt über Vermögenswerte wie nie zuvor und wahrscheinlich auch nie wieder in seinem Leben. Eine unkorrekte Handlungsweise kann die wirtschaftliche Existenz des Mandanten und die seiner Familie vernichten.

Wenn bei Abschluß eines Vertrages überhaupt keine Abwicklungs-schwierigkeiten erkennbar sind oder die Risikovorsorge des vorleisten-den Vertragsteils nicht die Hinterlegung des Kaufpreises gebietet, ist die unmittelbare Zahlung ohne Notaranderkonto vorzuziehen.

Der Notar ist **nicht verpflichtet**, einen **Verwahrungsauftrag anzu-nehmen** (§ 23 BNotO i. V. m. § 15 BNotO). Nach § 10 Abs. 2 RLNot muß er den Auftrag sogar ablehnen, wenn nur Sicherheiten vorgetäuscht werden sollen, die tatsächlich durch die Hinterlegung nicht gewährlei-stet werden. Das ist z. B. dann der Fall, wenn bei objektiver Prüfung nur die Möglichkeit besteht, daß ein trügerischer Schein an Sicherheit durch die treuhänderische Tätigkeit des Notars erweckt wird, dem Notar aber tatsächlich eine eigenverantwortliche Prüfung nicht möglich ist.

Die Möglichkeit der Vortäuschung einer Sicherheit ist regelmäßig bereits vorhanden, wenn objektiv keine Sicherheit gewährt wird.

Beispiel:
Eine Gesellschaft gibt an ihre Kunden notariell beglaubigte Anleihezertifikate aus. Die Kunden sollen die Anleihesumme auf ein Notaranderkonto einzahlen. Der Notar wird von der Gesellschaft beauftragt, die eingezahlten Gelder so lange zu verwahren, bis den Kunden die Anleihezertifikate übersandt worden sind. Anschließend soll der Notar die Beträge nach Abzug von Hebe- und Beglaubigungsgebühren an die Gesellschaft auszahlen.

Der Zeichner ist also gesichert, daß er die Zertifikate bekommt, nicht aber, daß diese werthaltig sind.

Durch die Einschaltung des Notars soll dem Geschäft Seriosität verliehen und die Unseriosität der Gesellschaft überspielt werden. Objektiv wird dem Anleger keine Sicherheit geboten.

Deshalb bestehen immer dann Zweifel, wenn der Zweck der Verwahrung ebensogut durch Einschaltung einer anderen Institution (Bank, Rechtsanwalt oder Wirtschaftsprüfer) erreicht werden könnte. In solchen Fällen bedarf es genauer Prüfung, ob

a) die Einschaltung des Notars als unabhängigen und rechtskundigen Amtsträger den Zweck hat, ein besonderes Treuhandverhältnis mit **eigenverantwortlicher Prüfungspflicht** zu begründen,

b) die eigenverantwortliche rechtskundige Prüfung durch den Notar nach der Anlage des Verwahrungsgeschäftes **möglich** ist,

c) die Prüfungspflicht bei mehrseitigen Verwahrungsgeschäften **im Interesse aller Beteiligten** vorgesehen ist,

d) bei einem einseitigen Verwahrungsgeschäft ausnahmsweise ein **anerkennenswertes Sicherheitsbedürfnis** besteht.

Siehe § 54 a BeurkG (Entwurf) im Anhang.

128 Fehlt eines dieser Merkmale, spricht eine gewisse Vermutung dafür, daß der Notar nicht zur besonderen Sicherung der Beteiligten, sondern – vielleicht ungewollt – zur Vortäuschung einer solchen beiträgt (Kriterien aufgestellt von **Zimmermann**, DNotZ 1982, 108).

Beispiel:
Im süddeutschen Raum hat sich folgender erwähnenswerter Fall ereignet: Ein Notar hatte es übernommen, erhebliche Geldbeträge diverser Anleger zu sammeln und diese Geldbeträge erst auszuzahlen, wenn er sich in Spanien davon überzeugt habe, daß das von den deutschen Anlegern finanzierte Leasinggeschäft über eine große Anzahl von neu herzustellenden Fässern, die für die Lagerung von Sherry bestimmt sein sollten, tatsächlich

durchgeführt worden sei. Er nahm dies aufgrund von ihm in Spanien vorgelegten Unterlagen an, hatte jedoch nicht erkannt, daß es sich nur um ein Scheingeschäft gehandelt hatte.

Weiteres Beispiel:
Die Treuhänderin verpflichtete sich, für Interessenten (Gesellschafter) eine Sportanlage zu bauen. Die Interessenten sollten ihre Einlagen auf ein Treuhandkonto des Notars einzahlen. In dem Vertrag hieß es »Mit einem unabhängigen Notar wird eine Vereinbarung getroffen, der die Freigabe der Mittel bei Vorliegen bestimmter Voraussetzungen regelt.« Voraussetzung war, daß der Notar die Gelder, die auf dem Treuhandkonto eingezahlt waren, nur dann freigeben durfte, wenn 75% des Gesellschaftskapitals gezeichnet waren. Die Zahlungen an den Notar erfolgten vereinbarungsgemäß mit der entsprechenden Weisung, die Gelder nur auszuzahlen, wenn 75% des Gesellschaftskapitals gezeichnet (also nicht eingezahlt, nur gezeichnet) seien und der Notar dies bescheinigte. Da sich nicht genügend Zeichner fanden, zeichneten kurzerhand der Treuhänder selbst, seine Ehefrau und sein Sohn. Damit waren 75% gezeichnet, der Notar bescheinigte dies und gab die Gelder frei. Der Treuhänder konnte später die Gelder nicht einzahlen; das Objekt platzte. Es blieben eine Bauruine und betrogene Anleger – überwiegend Ärzte.

In beiden Fällen wurden dem Laien durch die Einschaltung eines Notars nicht vorhandene Sicherheiten vorgetäuscht.

b) Unerfüllbare Auflagen

Der Notar muß die Treuhandauflagen auf ihre Erfüllbarkeit hin überprüfen und z. B. nicht erfüllbare Auflagen der Kreditinstitute sofort zurückweisen.

129

Beispiele für unzulässige Auflagen:

– sonstige Hinderungsgründe der Eintragung nicht entgegenstehen,
– der Antrag auf Eigentumsumschreibung gleichzeitig mit dem Antrag auf Eintragung des Grundpfandrechts gestellt ist,
– sichergestellt ist, daß Mieten für den Zeitraum bis zum Nutzungsübergang an uns fließen,
– der überwiesene Betrag bis zum Ablösungstermin für die Grundstückseigentümer von ihnen als Notaranderkonto verzinslich angelegt wird,
– die Erwerber uneingeschränkte Besitzer des Pfandobjektes sind,
– eine Bestätigung der abzulösenden Kreditinstitute, daß die bei ihnen unterhaltenen Darlehen ordnungsgemäß bedient wurden und keine negativen Merkmale bekannt sind (Beispiele von *Zimmermann*, DAI, RZ 28).

Prüfung der Baugenehmigung, Feststellung des Beginns der Erdarbeiten oder der vollständigen Räumung des Grundstücks sind nicht Sache des Notars (siehe auch unter RZ 167).

In einem vom BGH entschiedenen Fall (JurBüro 1985, 541) fand sich die Formulierung »wenn alle erforderlichen Genehmigungen vorliegen«. Der BGH hielt dies nicht für eindeutig, weil die Parteien möglicherweise nur das Negativattest nach dem früheren § 24 V 3 BBauG gemeint hätten.

c) *Vermeidung von Verwahrungen –* »*bayerische Lösung*«

129a Im Einflußbereich der bayerischen Notarkammer werden Verwahrungsgeschäfte dadurch vermieden, daß ohne die Einrichtung eines Anderkontos die Zahlungsvorgänge über die beteiligten Kreditinstitute koordiniert werden. Die Abwicklung vollzieht sich in folgenden Schritten (**Zimmermann,** DAI S. 28):

– der Notar schreibt die abzulösenden Banken an, bittet um Aufgabe der Forderung und um Übersendung der Löschungsunterlagen,
– der Notar schreibt die finanzierende Bank an, teilt die abzulösenden Forderungen mit,
– die finanzierende Bank läßt sich von den abzulösenden Gläubigern bestätigen, daß die Löschungsunterlagen gegen Zahlung ihrer Forderung verwendet werden dürfen, bzw. dem abwickelnden Notar zur Verfügung gestellt werden,
– die finanzierende Bank erteilt dem abwickelnden Notar den Auftrag, ein Grundpfandrecht mit Rang nach den bestehenbleibenden Rechten und den abzulösenden Gläubigern zur Eintragung zu beantragen,
– der Notar bestätigt die Eintragung/Sicherstellung der Eintragung des Grundpfandrechtes,
– die finanzierende Bank überweist die Beträge an die abzulösenden Gläubiger; handelt es sich hier nur um eine Teilfinanzierung, hat sie zuvor die zur Kaufpreisbelegung fehlenden Beträge »gesammelt«,
– die abzulösenden Gläubiger geben die Löschungsunterlagen frei, der Notar reicht sie ein.

2. Hinterlegungsvereinbarung – Schriftform

130 Nach § 11 Abs. 1 DONot darf der Notar einen Verwahrungsauftrag nur annehmen, wenn die genauen Voraussetzungen der Hinterlegung geregelt sind. Es muß eine sog. **Hinterlegungsvereinbarung** getroffen werden.

Um dies verstehen zu können, muß man sich zunächst das Verhältnis der Beteiligten Untereinander klarmachen. Die Parteien schließen einen Vertrag, in dem neben den Hauptvertragspunkten auch geregelt wird, daß Gelder beim Notar eingezahlt und bei Eintritt einer bestimmten Bedingung an die andere Partei ausgezahlt werden sollen. Der notarielle

Vertrag enthält insoweit eine **Hinterlegungsvereinbarung** der Parteien, nämlich – z.B. beim Kaufvertrag – zwischen Verkäufer und Käufer. In dieser Hinterlegungsvereinbarung ist zugleich ein gemeinsames **Hinterlegungsersuchen** an den Notar enthalten, diesen Verwahrungsauftrag anzunehmen und durchzuführen.

Zur genaueren rechtlichen Einordnung siehe die Auseinandersetzung *Brambring* mit *Zimmermann, Reithmann* und *Volhard* in DNotZ 1990, 623 f.; *Bräu*, RZ 87 ff.).

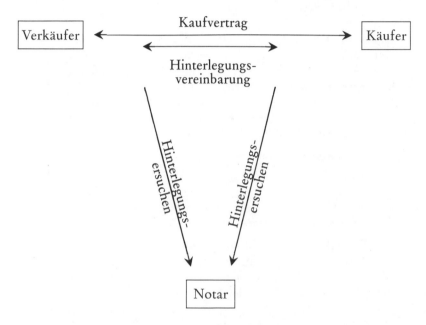

Er nimmt mit der Beurkundung
die Hinterlegungsersuchen an.

§ 11 DONot, § 54 Abs. 2 S. 2, BeurkG, Entwurf, (siehe Anhang) schreibt nun vor, welche Mindestvoraussetzungen diese Hinterlegungsvereinbarung enthalten muß und wie der Notar das Hinterlegungsersuchen anzunehmen hat.

Die DONot kann und will hierbei nicht in die Gestaltungsfreiheit der Parteien bzw. des Notars beim Verwahrungsgeschäft eingreifen. Sie will den Notar aber zwingen, unverzichtbare Daten aufzunehmen und im übrigen die frei zu vereinbarenden Vertragspunkte schriftlich zu formulieren.

131 Die **Hinterlegungsvereinbarung** sowie deren spätere Änderung oder Ergänzung bedürfen der **Schriftform** (§ 11 Abs. 2 DONot), d.h., sofern die Hinterlegungsvereinbarung nicht bereits Bestandteil der notariellen Haupturkunde ist, muß sie schriftlich abgefaßt und von den Parteien unterschrieben werden. Sie bedarf grundsätzlich nicht der notariellen Beurkundung.

Regelmäßig wird sie jedoch Bestandteil des notariellen Hauptvertrages sein. Dies ist schon deshalb unbedingt ratsam, weil sonst u.U. die Gefahr besteht, daß in der gesonderten Hinterlegungsvereinbarung Einzelheiten geregelt werden, die eigentlich Vertragsbestandteil des formbedürftigen Hauptvertrages sein müßten, und daß infolgedessen möglicherweise ein Verstoß gegen § 313 BGB vorliegt, so z. B. im folgenden Fall (Zimmermann, DAI Beispiel 56)

Die Parteien haben vereinbart, daß der Käufer den Kaufpreis zu zahlen hat, wenn der Notar bestätigt, daß der Vertrag rechtswirksam und eine Auflassungsvormerkung eingetragen sei.

Nachträglich ändern die Parteien diese Regelung dahin, daß die Abwicklung über Notaranderkonto erfolgen soll und der Käufer statt der Sicherung durch Auflassungsvormerkung durch Zahlung Zug um Zug gegen Umschreibung gesichert werden soll.

132 Da die Hinterlegungsvereinbarung gleichzeitig ein gemeinsames **Hinterlegungsersuchen an den Notar** enthält, muß dieser dieses Ansuchen ausdrücklich **annehmen.** Nach § 11 Abs. 2 Satz 2 DONot hat er die Annahme – soweit die Hinterlegungsanweisung nicht Gegenstand der urkundlichen Niederschrift ist – ausdrücklich zu vermerken. Das kann z.B. durch eine schriftliche Bestätigung des Auftrages oder durch eine bloße Unterschriftsleistung auf der schriftlich festgehaltenen Hinterlegungsvereinbarung erfolgen. Es genügt also z.B. die Unterschrift des Notars auf dem Treuhandauftrag der Bank, zweckmäßig unter Angabe des Datums. Zweck der Vorschrift ist zu dokumentieren, daß der Notar persönlich den Treuhandauftrag angenommen hat. Es genügt daher nicht, wenn die Annahmeerklärung an die Bank abgeschickt wird; die Annahme muß aus den Akten des Notars ersichtlich sein.

133 Entsprechendes gilt für die **nachträgliche Änderung** der Hinterlegungsanweisung. Hier ist besonders sorgfältig zu prüfen, ob diese nicht

schon deshalb beurkundungspflichtig ist, weil sie mit dem Hauptvertrag notariell beurkundet worden ist.

Brambring (DNotZ 1990, 642) rät bei wesentlichen Änderungen in jedem Fall zur Beurkundung, um sich bei der Verhandlung davon zu vergewissern, daß die Änderung in Kenntnis ihrer rechtlichen Tragweite gewünscht wird.

Im übrigen gilt natürlich die allgemeine Regel, daß Änderungen des Kaufvertrages dann keiner Beurkundung mehr bedürfen, wenn die Übereignungs- und Erwerbspflicht so weit erfüllt ist, daß die Beteiligten selbst hierzu alle erforderlichen Erklärungen erbracht, insbesondere die Auflassung erklärt haben und – wohl – Suksessionsschutz im Grundbuch durch Antrag auf Eintragung einer Vormerkung hergestellt wurde (*Zimmermann* DAI S. 66, vgl. BGH DNotZ 1971, 541, NJW 1985, 266, der diesen Suksessionsschutz nicht verlangt).

3. Muster einer Hinterlegungsvereinbarung als Arbeitsunterlage

Zimmermann (in *Kersten/Bühling*, Formularbuch und Praxis der Frei- **134** willigen Gerichtsbarkeit, 20. Aufl., und im »Grundkurs für angehende Anwaltsnotare«, 1991 und 1994) und *Haug* (Leitfaden zu den Anforderungen und Risiken der notariellen Verwahrungstätigkeit, erschienen im Januar 1988) haben ein Muster einer Hinterlegungsvereinbarung als unverbindliche Arbeitsvorlage formuliert, die hier weitgehend übernommen und Grundlage der weiteren Erörterungen sein soll (siehe auch *Weingärtner/Schöttler*, RZ 144 ff.):

Muster einer Hinterlegungsvereinbarung als Arbeitsunterlage:

a) Die Beteiligten (Verkäufer, Käufer, Hinterleger) vereinbaren die Hinterlegung des Betrages von DM ... zur gegenseitigen Sicherung auf dem Giro/Anderkonto des Notars ... bei der ...-Bank.
– siehe RZ 136 ff. –

b) Der genannte Betrag ist zur Einzahlung fällig am ... (Zeitpunkt oder die anderen Voraussetzungen, wie z.B. Auflassungsvormerkung). Ab diesem Zeitpunkt tritt Bindung zwischen den Beteiligten unter der Treuhandschaft des Notars ein.
– siehe RZ 140 ff. –

c) Der Käufer wurde darüber belehrt, daß der Kaufpreisanspruch erst erfüllt ist, wenn die Auszahlung des Betrages durch den Notar an den Verkäufer oder einen von diesem benannten Empfangsberechtigten erfolgt ist oder der Betrag nach Auszahlungsreife auf Verlangen des Verkäufers auf dem Anderkonto verbleibt.

Die Verzugszinsen fallen auch dann an, wenn der Kaufpreis zwar auf dem Notaranderkonto eingezahlt ist, aber aus Gründen, die der Käufer zu vertreten hat, nicht weitergegeben werden kann. In diesem Falle hat sich der Verkäufer jedoch die auf dem Notaranderkonto angefallenen Zinsen anrechnen zu lassen.

– siehe RZ 141 ff. –

d) Die Beteiligten wurden ausdrücklich darauf hingewiesen, daß die in diesem Vertrag getroffene Regelung über die Auszahlung der beim Notar hinterlegten Gelder nur durch eine gemeinsame und schriftliche Erklärung abänderbar ist. Einseitigen Weisungen darf der Notar nach Eintritt der Bindungswirkung nicht Folge leisten.

Nach eingehender Belehrung über § 11 Nr. 2, 3 AGB-Gesetz erkennt der Hinterleger (Käufer) an, daß infolge der treuhänderischen Bindung eine Aufrechnung oder Zurückbehaltung in Ansehung des hinterlegten Kaufpreisteilbetrages ausgeschlossen ist.

– siehe RZ 143 ff. –

e) Die Beteiligten wurden darüber belehrt, daß die Verwendung der Beträge auch von der Erfüllung der Auflagen der Kreditgeber des Einzahlungsverpflichteten (Käufer) abhängen kann, deren Weisungen hinsichtlich des durch sie überwiesenen Betrages vor den Weisungen der Vertragsbeteiligten Vorrang haben. Es ist Sache des Käufers, eine zur Erfüllung des Vertrages geeignete Verwendung der Mittel bei Kaufpreisfälligkeit sicherzustellen.

Oder:

Soweit die finanzierenden Institute dem beurkundenden Notar Treuhandaufträge erteilen sollten, willigten die Vertragschließenden schon jetzt darin ein, daß Zahlungen auf den Kaufpreis, die aus Mitteln der finanzierenden Institute zu leisten sind, nach Maßgabe der von diesen erteilten Treuhandaufträge geleistet werden. Insoweit sind die Vertragschließenden mit einer Änderung der Auszahlungsbedingungen schon jetzt einverstanden; Änderungen der Fälligkeiten der Kaufpreisraten dürfen durch Treuhandaufträge nicht erfolgen.

– siehe RZ 160 ff. –

f) Eine andere Anlage des auf Girokonto verwahrten Betrages – z.B. als Festgeld – soll der Notar bei einem einverständlichen Ansuchen der Beteiligten vornehmen, wenn dies nicht der ordnungsgemäßen Abwicklung des Rechtsgeschäftes entgegensteht.
– siehe RZ 163 ff. –

g) Der Notar darf über den hinterlegten Betrag nur verfügen, wenn ... (Auszahlungsvoraussetzung).
Er hat die Zahlungen wie folgt vorzunehmen: ...
Der nach Ablösung der vorgenannten Verbindlichkeiten verbleibende Restbetrag ist nach schriftlicher Weisung des Verkäufers auszuzahlen.
– siehe RZ 165 ff. –

h) Die Erträge (Zinsen) des verwahrten Betrages stehen ab ... (z.B. Eintragung der Auflassungsvormerkung, Auszahlungsreife) dem Empfangsberechtigten (Verkäufer) zu.
Evtl. Verzugszinsen wegen nicht fristgerechter Hinterlegung des Kaufpreises berühren diese Hinterlegungsvereinbarung und ihre Abwicklung nicht. Sie sind gesondert geltend zu machen und werden nicht über das Notaranderkonto abgerechnet.
– siehe RZ 176 ff. –

i) Sollte der zugrundeliegende Vertrag aus Gründen, die der Hinterleger (Käufer) nicht zu vertreten hat, nicht bis zum ... vollzogen werden, so kann dieser einseitig die Rückzahlung des hinterlegten Betrages (nebst angefallenen Zinsen, jedoch abzüglich angefallener Bankgebühren) verlangen.
– siehe RZ 180 ff. –

j) Die Kosten der Hinterlegung trägt ...
– siehe RZ 183 –

4. Regelungsbedürftige Punkte

Im folgenden werden anhand der obigen Arbeitsunterlage die nach den §§ 11 ff. DONot geforderten regelungsbedürftigen Punkte erörtert, allerdings nur soweit sie in der Praxis immer wieder zu Zweifelsfragen Anlaß geben oder zu Beanstandungen führen:

135

a) Auswahl der Bank

136 Die Beteiligten (Verkäufer, Käufer, Hinterleger) vereinbaren die Hinterlegung des Betrages von DM ... zur gegenseitigen Sicherung auf dem Giro/anderkonto des Notars bei der ... Bank ...
(Vorschlag: *Haug*, RZ 21.)

Die **Auswahl der Bank** (Banken, Sparkassen, Post) steht grundsätzlich dem Notar zu, wenn nicht die Parteien – was in der Hinterlegungsanweisung schriftlich festzuhalten wäre – eine andere bestimmte Bank wünschen (§ 12 Abs. 2 Satz 7 DONot).

Dienstrechtlich ist der Notar gehalten, ein Kreditinstitut zu wählen, welches

der Deutschen Bankaufsicht unterliegt und die »Bedingungen für Anderkonten und Anderdepots der Notare« des Deutschen Bankgewerbes anerkennt

oder

ein Anderkonto bei der Deutschen Bundesbank zu deren entsprechenden Bedingungen oder bei der Bundespost gemäß den »Bedingungen der Deutschen Bundespost für Anderkonten und Notare« (s. *Weingärtner*, Notarrecht, Ord.-Nr. 320 f.).

Die Bank muß grundsätzlich **im Bezirk des Amtsgerichts** liegen, in dem der Notar seinen Amtssitz hat oder in dem unmittelbar angrenzenden Amtsbezirk (§ 12 Abs. 2 Satz 6 DONot)[1]. Hiervon soll der Notar nur abweichen, wenn

die Beteiligten dies ausdrücklich wünschen,

oder

eine abweichende Handhabung von der Sache her geboten ist.

Dies muß in der Hinterlegungsanweisung aber **schriftlich** festgelegt werden. Die Konten dürfen keinesfalls bei einer ausländischen Bank geführt werden, da diese nicht der deutschen Bankenaufsicht unterliegt.

137 Wenn der Notar sich nach diesen Grundsätzen richtet, ist er für die Sicherheit der Bank grundsätzlich nicht verantwortlich, es sei denn, er hat begründeten Anlaß, an der Seriosität oder Liquidität der Bank zu zweifeln. Im letzteren Falle hat er von einer Empfehlung dieser Bank abzusehen und u.U. sogar eine andere Verwahrungsstelle vorzuschlagen

---

1 § 54 b Abs. 2 S. 2 BeurkG, Entwurf, siehe Anhang.

(Beispiele bei *Haug*, DNotZ 1982, 549 f.; weitere Einzelheiten *Weingärtner/Schöttler*, RZ 166).

Im Zusammenhang mit der Eröffnung von Notaranderkonten sollten die Beteiligten auf folgendes hingewiesen werden: Bei Bareinzahlungen auf Anderkonten unterliegen die Kreditinstitute vergleichbaren Identifizierungs-, Feststellungs-, Aufzeichnungs- und Aufbewahrungspflichten wie der Notar bei der Annahme größerer Bargeldmengen. Die Kreditinstitute sind nach dem Gewinnaufspürungsgesetz zur kritischen Überwachung der über Anderkonten geführten Transaktionen auf den Verdacht der Geldwäsche sowie zur Anzeige an die Strafverfolgungsbehörden in Verdachtsfällen gemäß § 11 GWG verpflichtet (Einzelheiten siehe RZ 140 b).

Die Gelder sind unverzüglich dem Anderkonto zuzuführen und dürfen auch nicht vorübergehend für eigene Zwecke verwendet werden. Ausdrücklich unzulässig sind sog. Sammelanderkonten (§ 12 Abs. 2 Satz 4 DONot); für jede Masse muß ein besonderes Anderkonto geführt werden.   **138**

Der Notar ist **alleiniger** Kontoinhaber und allein verfügungsbefugt[2]. Unzulässig sind sog. Gemeinschaftskonten, über die der Notar nur zusammen mit anderen Personen verfügen kann (anders, wenn es sich um kein notarielles Verwahrungsgeschäft handelt, *Weingärtner/Schöttler*, RZ 173, 156).   **139**

Dem Notar ist auch nicht gestattet, einem anderen, z.B. seinem Sozius, der ihn gelegentlich oder häufiger als Notar vertritt, eine Verfügungsvollmacht einzuräumen, es sei denn, dies wird von der Aufsichtsbehörde ausdrücklich gestattet[3].

b) Fälligkeit der Einzahlung

Der genannte Betrag ist zur Einzahlung fällig am ... (Zeitpunkt oder angabe der anderen Voraussetzungen, wie z.B. Auflassungsvormer-   **140**

---

2 § 54 b Abs. 3 BeurkG, Entwurf, siehe Anhang.
3 Eine entsprechende generelle Gestattung besteht derzeit nur in der Hansestadt Hamburg. Aufgrund einer Verfügung der Hamburger Justizbehörde (HambJVBl. 1985, 2) ist dort abweichend von § 12 DONot die Erteilung von Vollmachten an andere Notare statthaft.

kung). **Ab diesem Zeitpunkt tritt Bindung zwischen den Beteiligten unter der Treuhandschaft des Notars ein.**
(Vorschlag: *Haug*, RZ 21.)

aa) Fälligkeitszeitpunkt

140a Er muß genau angegeben werden. Klarzustellen ist, wer den Eintritt einer bestimmten Voraussetzung (z.B. Rechtskraft des Bebauungsplanes) zu überwachen und mitzuteilen hat. Wird die Auflassungsvormerkung erst nach Einzahlung der Gelder auf das Anderkonto eingetragen, kann eine Vorleistung des Verkäufers vermieden werden (*Haug*, aaO, RZ 14; DNotZ 1982, 539).

Die genaue Fixierung des Fälligkeitszeitpunktes ist auch deshalb wichtig, weil bei einer Einzahlung **vor Fälligkeit** lediglich ein **einseitiges Hinterlegungsverhältnis** zwischen dem Einzahler und dem Notar entsteht.

Beispiel:
Nach dem Vertrag sind die Gelder zum 1. 12. 1995 einzuzahlen. Die Partei zahlt bereits am 1. 10. 1995 ein.

Der Einzahler kann daher bis zum Eintritt des Fälligkeitstermins dem Notar einseitige Weisungen geben, z.B. das Geld zurückzurufen. Die Bindung tritt erst im Fälligkeitszeitpunkt ein. (Zur Möglichkeit des einseitigen Widerrufs siehe unten RZ 145 ff.).

Es kann gefährlich sein, das Vorliegen der Unbedenklichkeitsbescheinigung des Finanzamts als Voraussetzung für die Kaufpreisfälligkeit und als Auszahlungsvoraussetzung zu vereinbaren, da die Gefahr besteht, daß der Käufer durch Nichtzahlung der Grunderwerbsteuer die Fälligkeit der Kaufpreiszahlung hinausschieben oder den Eintritt der Fälligkeit vereiteln kann (OLG Hamm, DNotZ 1992, 822 m. w. Hinw.): Siehe auch unten RZ 167 a.

bb) Geldwäschegesetz – Notaranderkonto

140b Zur Bekämpfung des illegalen Rauschgifthandels und anderen Erscheinungsformen der organisierten Kriminalität sind dem Notar aufgrund des »Geldwäschegesetzes« (abgedruckt in Weingärtner, Notarrecht, Ord. Nr. 325) bestimmte Pflichten auferlegt, und zwar sowohl bei der

Annahme von Bargeld als auch bei der Eröffnung von Notaranderkonten.

Bareinzahlungen beim Notar sind selten, aber möglich. Sie sollten tunlichst vermieden werden. Dem Notar obliegen folgende Pflichten:

(1) Identifizierungspflicht

Bei Annahme von Bargeld im Wert von 20 000 DM oder mehr hat gemäß § 3 Abs. 1 GWG der Notar denjenigen zu identifizieren, der ihm gegenüber auftritt. Dies gilt gem. § 2 Abs. 2 in Verbindung mit § 3 Abs. 1 GWG auch, wenn **mehrere Bargeldannahmen** zusammen den obigen Betrag ausmachen, sofern tatsächliche Anhaltspunkte dafür vorliegen, daß zwischen ihnen eine Verbindung besteht (vgl. hierzu im einzelnen BT-Drucks. 12/2704, S. 12).

Identifizieren bedeutet gem. § 1 Abs. 5 GWG das Feststellen des Namens auf Grund eines Personalausweises oder Reisepasses, des Geburtsdatums und der Anschrift, soweit im Personaldokument enthalten sowie der Art, der Nummer und der ausstellenden Behörde des Ausweises.

Die Identifizierung kann **unterbleiben**, wenn der zu Identifizierende persönlich bekannt **und** wenn er bei früherer Gelegenheit identifiziert (im Umfang des § 1 Abs. 5 GWG) worden ist (§ 7 GWG).

(2) Aufzeichnungs- und Aufbewahrungspflichten

Die nach § 3 Abs. 1 GWG getroffenen Feststellungen sind aufzuzeichnen (§ 9 Abs. 1 GWG). Die Aufzeichnung soll, soweit möglich, **durch Kopie** der vorgelegten amtlichen Ausweise erfolgen. Im Falle des § 7 GWG sind der Name des zu Identifizierenden sowie der Umstand aufzuzeichnen, daß er dem zur Identifizierung Verpflichteten persönlich bekannt ist.

Zur Aufzeichnung auf Bild- oder andere Datenträger vgl. § 9 Abs. 2 GWG.

Die Aufzeichnungen sind sechs Jahre **aufzubewahren** (§ 9 Abs. 3 GWG). Die Frist beginnt mit dem Schluß des Kalenderjahres, in dem die jeweiligen Angaben festgestellt werden.

(3) Feststellung des »wirtschaftlich Berechtigten«

Gemäß § 8 Abs. 1 GWG muß sich der Notar bei der Bargeldannahme beim zu Identifizierenden erkundigen, ob dieser für eigene Rechnung handelt. Verneint der zu Identifizierende dies, so hat der Notar nach den Angaben des zu Identifizierenden Namen und Anschrift desjenigen festzustellen, für dessen Rechnung dieser handelt. Dabei genügt die einfache Auskunft des zu Identifizierenden; Nachforschungen braucht der Notar allenfalls in den Fällen anzustellen, in denen er erkennt, daß unrichtige Angaben gemacht werden.

Die BNotK empfiehlt, möglichst keine Bareinzahlungen anzunehmen und daß der Notar in den o. a. Fällen der Strafverfolgungsbehörde gegenüber auskunftspflichtig ist (ausführliches Rundschreiben v. 26. 11. 1993, abgedruckt in Weingärtner, Notarrecht, Ord. Nr. 325 a. NotK Hamm, Informationsblatt 4/1993).

Aber auch bei der Eröffnung eines Anderkontos ohne Bareinzahlung hat der Notar aufgrund des Geldwäschegesetzes dem Bankinstitut gegenüber Auskunftpflicht.

Gemäß § 8 Abs. 1 Satz 1 GWG sind auch diejenigen, die sich nach § 154 Abgabenordnung »Gewißheit über Person und Anschrift des Verfügungsberechtigten zu verschaffen haben« (dies sind namentlich die Kreditinstitute im Zusammenhang mit der Eröffnung von Bankkonten) verpflichtet, den wirtschaftlich Berechtigten an dem Bankkonto festzustellen. Diese Feststellungspflicht besteht bei **jeder Kontoeröffnung** unabhängig davon, ob und in welcher Höhe eine **Bargeldeinzahlung** auf das Konto erfolgt. Sie besteht insbesondere auch gegenüber den zur beruflichen Verschwiegenheit verpflichteten Berufen im Zusammenhang mit der Eröffnung von Anderkonten. Der Notar ist in diesem Fall selbst als der von dem Kreditinstitut nach § 8 Abs. 1 GWG zu Identifizierende anzusehen. Das Kreditinstitut hat zudem gemäß § 8 Abs. 2 GWG **nach Angaben des Notars Namen und Anschrift desjenigen festzustellen, für dessen Rechnung dieser handelt.**

Auslegungsprobleme ergeben sich zu der Frage, welche Personen der Notar bei der Eröffnung eines Anderkontos als »wirtschaftliche Berechtigte« bzw. diejenigen anzugeben hat, »für deren Rechnung« er handelt. Hier gilt folgendes:

Der Notar muß diejenigen benennen, die zum **Zeitpunkt der Errichtung** des Notaranderkontos wirtschaftlich Berechtigte sind, bzw. für deren Rechnung er handelt. Dies sind **diejenigen Personen, die zum Zeitpunkt der Einrichtung des Notaranderkontos dem Notar Hinterlegungsanweisungen erteilt haben.**

Hieraus ergibt sich z.B. für den häufigsten Fall der Einrichtung eines Notaranderkontos zum Zwecke der **Kaufvertragsabwicklung,** daß die in Bezug auf den zu hinterlegenden Kaufpreis zum Zeitpunkt der Kontoeröffnung Anweisungsberechtigten nach § 8 Abs. 1 Satz 2 GWG vom Notar anzugeben sind, in der Regel also der Verkäufer und der Käufer.

Im Falle der **einseitigen Hinterlegung** z.B. durch einen Finanzierungsgläubiger zum Zwecke der Umschuldung, ist in der Regel nur dieser anzugeben.

Der spätere Empfänger der hinterlegten Beträge fällt nicht unter die Angabepflicht des Notars.

Der Notar trifft nach dem GWG keine **Anzeigepflicht von Verdachtsfällen** einer Geldwäsche nach § 261 StGB an die zuständigen Strafverfolgungsbehörden.

§ 12 GWG gewährt allerdings Straffreiheit für Anzeigen, die auf eine Straftat nach § 261 StGB schließen lassen, sofern die Anzeige nicht vorsätzlich oder grob fahrlässig erstattet worden ist. Die Vorschrift rechtfertigt also einen Verstoß gem. § 18 BNotO.

c) Keine Erfüllung durch Einzahlung

Der Käufer wurde darüber belehrt, daß der Kaufpreisanspruch erst erfüllt ist, wenn die Auszahlung des Betrages durch den Notar an den Verkäufer oder einen von diesem benannten Empfangsberechtigten erfolgt ist oder der Betrag nach Auszahlungsreife auf Verlangen des Verkäufers auf dem Anderkonto verbleibt. 141

(Vorschlag: *Zimmermann* in Kersten/Bühling, RZ 51.)

Mit der Hinterlegung tritt im Regelfall keine Erfüllung der Kaufpreisschuld ein (BGH NJW 1994, 1404=WM 1994, 647, MittRheinNotK 1994, 168; NJW 1983, 1605). Die »Hinterlegung« beim Notar hat nur dann Erfüllungswirkung, wenn die Parteien dies ausnahmsweise vereinbaren. Ausführlich hierzu: *Bräu*, § 10.

Ob die Zahlung dann als Erfüllung angesehen werden kann, wenn Auszahlungsreife gegeben ist und die Gelder gleichwohl noch auf dem Anderkonto verbleiben (so *Zimmermann*, DNotZ 1983, 555, in Anlehnung an BayObLGZ 12, 99 ff.), kann zweifelhaft sein (ausführlicher hierzu: *Weingärtner/Schöttler*, RZ 177); deshalb ist jedenfalls anzuraten, eine entsprechende klärende Regelung in der Hinterlegungsvereinbarung aufzunehmen. Nicht ausreichend ist allerdings, wenn z.B. Banken in ihren Allgemeinen Geschäftsbedingungen festschreiben, daß die Auszahlung auf Notaranderkonto bereits als Erfüllung gelten soll, obwohl die von der Bank gemachten Treuhandauflagen noch nicht erfüllt sind. Die Überweisung der Darlehensvaluta auf das Notaranderkonto vor Erfüllung der Treuhandauflagen ist noch nicht als Erfüllung des Darlehensversprechens anzusehen (BGH, DNotZ 1985, 637; 1987, 155).

141a Die Frage der Erfüllung ist auch wichtig für eine evtl. Pfändung.

Beispiel:
Ein Gläubiger des Verkäufers will in das beim Notar vom Käufer hinterlegte Geld vollstrecken.

Wenn noch keine Erfüllung eingetreten ist, wird der »Auskehrungsanspruch« des Verkäufers gegen den Notar und sein Kaufpreisanspruch gegen den Käufer gepfändet (BGH, WM 1988, 1425).

Die Pfändungen werden dadurch bewirkt, daß gemäß § 829 ZPO sowohl dem Käufer als auch dem Notar jeweils als Drittschuldner verboten wird, an den Verkäufer zu zahlen, und dem Verkäufer zugleich verboten wird, sich jeder Verfügung über die Forderung, insbesondere ihrer Einziehung, zu enthalten.

Bildlich dargestellt:

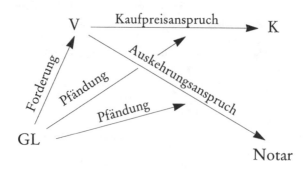

Ist bereits Erfüllung eingetreten, bleibt nur das Verbot an den Verkäufer, sich der Verfügung über die »Forderung« zu enthalten (§ 829 I 2

ZPO). Da der Gläubiger i.d.R. aber nicht feststellen kann, ob Erfüllung eingetreten ist oder nicht, ist ihm stets die Doppelpfändung zu empfehlen. (Ausführlich hierzu: *Haug*, Amtshaftung, RZ 722; *Weingärtner/Schöttler*, RZ 147 b.)

In keinem der Fälle ist der Notar Drittschuldner i.e.S. Die Drittschuldnererklärung sollte er aber mit Hinweis auf die Rechtslage abgeben (BNotK DNotZ 1975, 260; Zimmermann, Das Anderkonto, DAI S. 90).

Zur Frage der Zinsen und Zinsabschlagsteuer s. RZ 54, 54 a und 178 a. 142

d) Bindungswirkung

Die Beteiligten wurden ausdrücklich darauf hingewiesen, daß die in   143
diesem Vertrag getroffene Regelung über die Auszahlung der beim Notar hinterlegten Gelder nur durch eine gemeinsame und schriftliche Erklärung abänderbar ist. Einseitigen Weisungen darf der Notar nach Eintritt der Bindungswirkung nicht Folge leisten.

Nach eingehender Belehrung über § 11 Nr. 2, 3 AGB-Gesetz erkennt der Käufer an, daß infolge der treuhänderischen Bindung eine Aufrechnung oder Zurückbehaltung in Ansehung des hinterlegten Kaufpreisteilbetrages ausgeschlossen ist.
(Vorschlag: *Zimmermann*, Das Anderkonto, DAI 1994, 78)

aa) Widerruf

(siehe hierzu auch § 54 c BeurkG-Entwurf, siehe Anhang und unten RZ 159a)

Mit Eintritt des Fälligkeitszeitpunktes ist – s.o. RZ 140 – die Bindungs-   144
wirkung zwischen den Parteien eingetreten. Der Notar darf grundsätzlich einseitigen Weisungen nicht mehr Folge leisten. Die Abweichung von einem klaren Treuhandauftrag stellt in aller Regel einen schweren Verstoß gegen die Amtspflichten eines Notars dar. Die Annahme des Notars, der Auftraggeber sei mit der Abweichung mutmaßlich einverstanden, vermag das Verhalten regelmäßig weder zu rechtfertigen noch zu entschuldigen. Auch wenn die Pflichtverletzung keinen Schaden zur Folge hatte, ist bei der Schwere des Dienstvergehens – wenn gegen den

Notar bereits Dienstaufsichtsmaßnahmen verhängt worden sind – eine empfindliche Geldbuße angemessen (OLG Köln, Beschluß vom 14. 11. 1991 – 2 X [Not] 1/91).

Weicht der Notar einseitig von den Treuhandauflagen ab, muß er u. U. mit dem Verlust des Haftpflichtversicherungsschutzes rechnen (§ 4 Ziff. 5 der AVB Haftpflichtversicherung der Notare).

Gleichwohl können Situationen auftreten, in denen er doch verpflichtet sein kann, auch einseitigen Weisungen nachzugehen.

(Ausführlich hierzu: *Zimmermann*, DNotZ 1980, 451 f.; Haug, DNotZ 1982, 475 ff., 539 ff., 592 ff.; *Haug*, Leitfaden, RZ 38 ff.; *Brambring*, DNotZ 1990, 615 ff.; *Weingärtner/Schöttler*, RZ 152 ff. m. w. Hinw.)

Man wird von folgenden Grundsätzen ausgehen dürfen:

145 a) Zunächst einmal ist zu prüfen, ob bereits die Bindungswirkung eingetreten ist.

Das ist z.B. nicht der Fall, wenn der Fälligkeitszeitpunkt noch nicht eingetreten ist.

Beispiel:
Der Kaufpreis ist zum 31. 12. 1988 einzuzahlen. Der Käufer zahlt jedoch schon zum 1. 11. 1988 ein.

Bis zum 31. 12. 1988 hat der Käufer ein Widerrufsrecht.

146 Oder eine Bindung ist noch nicht eingetreten, weil der Widerrufende nicht an die Hinterlegungsvereinbarung der Vertragspartner gebunden ist (siehe Skizze RZ 130, 161).

Beispiel:
Die Bank gibt den Treuhandauftrag, die von ihr auf Anderkonto überwiesene Summe (vorgesehenes Kaufpreisdarlehen) erst auszuzahlen, wenn für sie u.a. eine erstrangige Grundschuld eingetragen ist. Bis zu diesem Zeitpunkt ist einem einseitigen Widerruf zu folgen, auch wenn die Kaufvertragsparteien eine frühere Fälligkeit vereinbart haben sollten. Ebenso ist bei Widerruf zurückzuzahlen, wenn der befristete Treuhandauftrag vor der Bindung (Fälligkeit) abgelaufen ist.
(Beispiel von *Haug*, RZ 35.)

Auch bei »einseitigen Treuhandverhältnissen« kann der Notar einer gewissen Bindung unterliegen, je nachdem, ob der Treuhandauftrag bereits erledigt ist.

Brambring (DNotZ 1990, 644) hat dies an 3 Fällen verdeutlicht:

Fall 1:
Der Antrag auf Eintragung der Finanzierungsgrundschuld ist bislang nicht gestellt. Der Notar hat über den hinterlegten Betrag noch nicht verfügt. Das Finanzierungsinstitut verlangt Rückzahlung der Gelder.
Der Notar muß zurückzahlen.

Fall 2:
Das Grundpfandrecht ist bereits eingetragen. Der hinterlegte Betrag ist jedoch vom Notar noch nicht ausgezahlt worden.
Der Notar muß auf Anweisung der Bank zurückzahlen, allerdings nur Zug um Zug gegen Löschung des Grundpfandrechts.

Fall 3:
Sämtliche Treuhandauflagen der Bank sind erfüllt. Der Notar hat über den hinterlegten Betrag bereits ganz oder teilweise verfügt.
Die Bank kann nicht mehr widerrufen.

b) Der Notar darf nicht auszahlen, wenn ihm Umstände bekannt   147
werden, die mit Sicherheit darauf schließen lasse, daß die andere Par-
tei in betrügerischer Absicht Geld entgegennehmen will oder vor
dem sicheren Bankrott steht.

Zur ersten Alternative folgender Fall des BGH, in Versicherungsrecht 1978, 248:

Der Notar beurkundete einen Kaufvertrag, in welchem ein Grundstück für 1 800 000 DM verkauft wurde. Die Käuferin benötigte ein Darlehen. Zur Kreditgewährung legte sie den notariellen Vertrag sowie eine Schätzurkunde eines vereidigten Gebäudeschätzers vor, der das Grundstück wegen der angeblich guten Mieten für 1 900 000 DM geschätzt hatte. Die tatsächlich gezahlten Mieten waren jedoch weit niedriger.
Die Bank gewährte daraufhin den Kredit und zahlte den Betrag auf das Anderkonto mit der Weisung, hierüber nur zu verfügen, wenn die Käuferin als Eigentümerin und zu ihren Gunsten eine Grundschuld eingetragen worden war.
Der Notar zahlte die Beträge nach Eintritt dieser Voraussetzungen ohne erneute Fühlungnahme mit der Bank aus, obwohl er vorher eine Änderung des Kaufvertrages beurkundet hatte, wonach der Kaufpreis auf 850 000 DM herabgesetzt wurde, weil von dem Verkäufer angeblich zunächst durchzuführende Modernisierungsarbeiten nunmehr entfallen sollten.

Der BGH hat hierzu ausgeführt:

Ihn (den Notar) trifft deshalb zwar regelmäßig die Pflicht, die zu treuen Händen empfan-   148
genen Geldbeträge schon dann auszuzahlen, wenn die dafür festgelegten sachgemäßen Bedingungen erfüllt sind. Ausnahmsweise muß der Notar jedoch auch in solchen Fällen von der Auszahlung absehen, wenn für ihn erkennbar wird, daß die Partei, die das Geld bei ihm hinterlegt bzw. auf Anderkonto eingezahlt hat, möglicherweise aus einem erst jetzt ersichtlich gewordenen Umstand durch eine Auszahlung geschädigt werden kann. Das ist vom RG bereits für den Fall bejaht worden, daß die Vertragsgrundlage zwischen

den Beteiligten streitig geworden ist (RG, NotZ 1937, 259). Dem Berufungsgericht ist darin beizupflichten, daß dasselbe zu gelten hat, wenn der Notar wegen des inzwischen verdichteten Verdachts eines Betruges zu Lasten des Einzahlers Anlaß hat, dessen Belange für gefährdet zu halten. Er muß dann den Gefährdeten auf die möglicherweise drohenden Gefahren hinweisen ...

Ein Notar muß ein unter seine Schweigepflicht fallendes Wissen sogar voll preisgeben, wenn er damit strafbare Handlungen verhindern kann; denn die Pflicht, dem Unrecht zu wehren, geht dem Schutz des Notargeheimnisses vor (vgl. *Seybold/Hornig*, BNotO, 5. Aufl., § 14 Rdnr. 20). Sind – wie im Streitfall – nur Gefahren zu besorgen, wenn der Notar ihm zu treuen Händen überlassene Geldbeträge auszahlt, so wird nicht einmal eine Preisgabe seines Wissens nötig. Auch das Berufungsgericht verlangt dieses nicht, sondern nur einen allgemeinen Hinweis darauf, daß er angesichts zwischenzeitlicher Vorgänge Veranlassung sehe, der Erstkl. anheimzustellen, die Beleihungsfähigkeit zu überprüfen. Ein solcher Hinweis ist bei Eintreten der Gefahr geboten und mit der Schweigepflicht durchaus vereinbar.

Zur strafrechtlichen Verantwortlichkeit siehe *Krekeler*, AnwBlatt 1993, 72.

149 **c) Der Notar muß die einseitige Weisung berücksichtigen, wenn das Grundgeschäft und/oder die Hinterlegungsvereinbarung eindeutig unwirksam oder nichtig sind, aber bereits u.U. auch schon dann, wenn ernsthafte Bedenken gegen die Wirksamkeit bzw. den Vollzug des Grundgeschäfts gegeben sind (OLG Schleswig Jur Büro 1992, 46 = MittRh NotK 1992, 28)** .

Eindeutig sind Fälle, wie z.B. Geschäftsunfähigkeit eines Beteiligten, Nichtgenehmigung eines genehmigungsbedürftigen Vertrages oder Beurkundung eines unrichtigen Kaufpreises (Schwarzkauf); hier sind Grundgeschäft und Hinterlegungsvereinbarung unwirksam.

Wenn der Notar die Nichtigkeit des von ihm beurkundeten Vertrages erkennt, darf er keine Zahlungen an den Verkäufer vornehmen; er muß der Weisung des Käufers auf Rückzahlung Folge leisten. Der Notar darf in einem solchen Fall auch keine Anträge mehr beim Grundbuchamt um weiteren Vollzug des Vertrags stellen (BGH, DNotZ 1987, 558; *Ganter*, Beilage zur WM 1993, S. 9).

Problematischer wird es, wenn sich z.B. der Käufer darauf beruft, den Vertrag wegen Irrtums angefochten zu haben.

Beispiel:
Der Käufer weist den Notar an, die Gelder nicht auszuzahlen. Der Verkäufer habe ihm bei Abschluß des Kaufvertrages verschwiegen, daß unmittelbar an die Terrasse der verkauften Wohnung angrenzend Pkw-Einstellplätze errichtet werden sollen. Er fühle sich deshalb zur Anfechtung des Vertrages wegen arglistiger Täuschung berechtigt (OLG Düsseldorf, 1. 10. 1987, MittRheinNotK 1988, 48).

Im vorliegenden Fall hat das Oberlandesgericht die einseitige Weisung für unbeachtlich erklärt, da es fraglich sei, ob überhaupt eine arglistige Täuschung durch den Verkäufer vorliege; es gehe nämlich um Umstände, von denen sich der Käufer durch Eigeninformation (Besichtigung der Eigentumswohnung, Einsicht ins Grundbuch, in die Teilungserklärung, Erkundigungen bei den übrigen Wohnungseigentümern usw.) selbst Kenntnis hätte verschaffen können.

Steht demgegenüber jedoch eindeutig fest – z.B. durch ein Urteil –, daß **150** die Anfechtung erfolgreich ist, darf der Notar nicht auszahlen. Nach der Entscheidung des RG (DNotZ 1937, 259 f.) muß er aber schon dann mit der Auszahlung innehalten, wenn der Vertragspartner einen klar umrissenen Anfechtungstatbestand vorträgt und mitteilt, er fühle sich zur Anfechtung berechtigt, und der Notar aufgrund seiner Kenntnisse

»mit der Möglichkeit, ja mit einem hohen Grade von Wahrscheinlichkeit damit rechnen mußte, daß die beabsichtigte Anfechtung der Klägerin Erfolg haben werde. Bis zur gütlichen oder gerichtlichen Erledigung der Anfechtungsfrage durfte er daher keinesfalls einseitig sich den Interessen des anderen Partners dienstbar machen. Er mußte vielmehr dem Hinterleger sagen, er möge die Anfechtung *unverzüglich* erklären und notfalls diese Frage im Prozeßwege austragen, einstweilen werde er – wenn auch nur für angemessene Zeit – das ihm anvertraute Geld einbehalten«.

Anderer Ansicht ist hier *Reithmann* (Vorsorgende Rechtspflege S. 231), da ein solches Verfahren den Anschein der Parteilichkeit erwecken könne. Die Anfechtung verpflichte den Notar aber, den Beteiligten rechtliches Gehör zu gewähren und sie, ohne selbst Stellung zu nehmen, auf die Möglichkeit anwaltlicher Beratung hinzuweisen.

Ähnlich wie das RG (aaO) hat das OLG Hamm (MittRh NotK 1994, 184) in einem Fall, in dem einer der Beteiligten die Vollzugsvollmacht widerrufen hatte, ausgeführt:

... berechtigt, auf den einseitigen Widerspruch ... seine Vollzugstätigkeit aufzuschieben, nämlich wenn ihm der Beteiligte einen ausreichend substantiierten und glaubhaft erscheinenden Anfechtungs- oder Unwirksamkeitsgrund eines notariell beurkundeten Vertrages vorträgt, dem der andere Beteiligte nicht oder nur mit fadenscheinigen Behauptungen zu begegnen versucht.

Siehe hierzu auch unten bb, RZ 153

d) Der Notar darf die einseitige Weisung nicht berücksichtigen, **151** **wenn die Hinterlegungsvereinbarung für das gemeinsame Hinterlegungsersuchen als rechtswirksam anzusehen ist.**

Beispiel:
Der Käufer weist den Notar an, einen Teilbetrag nicht auszuzahlen, weil er wegen Mängeln ein Zurückbehaltungsrecht geltend mache, er aufgerechnet oder gar gewandelt habe.

Die Weisung ist unbeachtlich. Einwendungen, wie z.B. Aufrechnung (OLG Frankfurt, DNotZ 1969, 515; KG, DNotZ 1987, 577; Bräu, RZ 116), Leistungsverweigerung nach § 320 (BGH, BB 1985, 148), Minderungsrechte (OLG Schleswig, MittRhNotK 1992, 28) betreffen nicht die Hinterlegungsvereinbarung und sind daher unbeachtlich.

Der Notar muß also auszahlen, auch wenn der Käufer ein Zurückbehaltungsrecht wegen Mängeln geltend macht, nach der Vereinbarung der Kaufpreis aber schon nach Fertigstellung eines bestimmten Bauabschnitts fällig ist.

Wenn der Restkaufpreis allerdings erst nach »vollständiger« Fertigstellung zu zahlen ist, bedeutet dies nach OLG Hamm »mangelfreie Fertigstellung« (OLG Hamm, OLG-Report 1994, S. 63 = MittBayNot 1994, 427 = DNotZ 94, 875 mit zutreffender ablehnender Kritik von Basty).

Wer hinterlegt, begibt sich der Möglichkeit der Aufrechnung und eines Zurückbehaltungsrechts. Hierüber ist in jedem Falle zumindest die Käuferseite zu belehren. Es besteht nämlich die Gefahr, daß der durch die Hinterlegung stillschweigend vereinbarte Aufrechnungsausschluß wegen Verstoßes gegen § 11 Ziff. 2 u. 3 AGBG unwirksam ist (siehe hierzu oben VI RZ 97).

152 Soll diese »Ausschlußwirkung« vermieden werden, müßte der Grundvertrag von Anfang an insoweit anders gestaltet sein müssen, etwa wie folgt:

Der Baufortschritt wurde durch Bestätigung der Bauleitung nachgewiesen. Die Fälligkeit der jeweiligen Kaufpreisrate tritt nach Ablauf von 8 Tagen nach Zugang der Bestätigung beim Käufer ein, es sei denn, der Käufer weist durch das Gutachten eines öffentlich bestellten und vereidigten Sachverständigen nach, daß der bestätigte Baufortschritt noch nicht erreicht oder nicht mängelfrei ist.

In den Fällen des einseitigen Widerrufs ist jedoch auf die Entscheidung des OLG Düsseldorf vom 2. 3. 94 (MittRheinNotK 1994, 185 f) hinzuweisen, die sich sachverhaltsmäßig unter oben c) (RZ 150) einordnen läßt. Das OLG scheint über diese Fallgruppe hinaus generell den wirtschaftlich vernünftigen Standpunkt zu vertreten, daß u.a. jedenfalls

dann von der Ausführung einer unwiderruflichen Auszahlungsanweisung Abstand genommen werden muß
wenn dem Käufer durch die Auskehrung des Kaufpreises ein unwiderbringlicher Schaden droht.

bb) Praktische Hinweise bei einseitigem Widerruf der Hinterlegungsvereinbarung

Wie soll sich nun der Notar z.B. in dem obigen Fall verhalten?

Der Käufer (Hinterleger) erklärt, den Vertrag wegen arglistiger Täuschung angefochten zu haben. Er weist den Notar an, kein Geld auszuzahlen.   153

Wie aus dem Obigen folgt, darf der Notar grundsätzlich den Streit zwischen den Parteien nicht selbst entscheiden. Andererseits läuft er Gefahr, sich schadenersatzpflichtig zu machen, wenn er trotz schwerwiegender berechtigter Bedenken Auszahlungen vornimmt.

Ihm ist daher – wenn die Rechtsunwirksamkeit des Kausalgeschäftes nach den ihm bekannt gewordenen Tatsachen durchaus in Betracht zu ziehen ist – anzuraten, in der Abwicklung des Geschäftes zunächst innezuhalten; eine angemessene Überlegungsfrist ist ihm in jedem Fall zuzubilligen (vgl. *Zimmermann*, aaO, S. 468; *Haug*, aaO, S. 595; OLG Hamm, DNotZ 1983, 703; *Weingärtner/Schöttler*, RZ 152 d). Das Absehen von einer Auszahlung scheint i.d.R. ohnehin das geringere wirtschaftliche Risiko zu sein.

Wenn der Notar nach **sorgfältiger Prüfung** keine Bedenken gegen die   154
Auszahlung hat, weil keine der o.a. Ausnahmen vorliegt, sollte er dennoch die Beteiligten hierüber informieren, wenn er weiß oder damit rechnen muß, daß sein Vorgehen nicht bzw. nicht mehr den Vorstellungen des oder der Beteiligten entspricht. Nach Ablauf einer den Beteiligten gesetzten angemessenen Frist kann er sodann den Vollzug fortsetzen.

Die Information ist anzuraten, weil der Notar sich dann bei einem möglichen Schadenersatzanspruch auf die Entlastungsvorschrift der §§ 19 I 3 BNotO, 839 III BGB berufen kann (siehe hierzu Anhang).

155 Andernfalls soll er den Parteien die rechtliche Lage eingehend erklären und sie auf die Möglichkeit hinweisen, durch gerichtliche Entscheidung eine Klärung zu bewirken.

Er kann den Beteiligten empfehlen:

eine **einstweilige Verfügung gegen den Zahlungsempfänger** (Verkäufer) mit dem Ziel zu erwirken, der Weisung auf weitere Verwahrung auf Anderkonto zuzustimmen (so LG Berlin, DNotZ 1983, 390)

oder

im Wege der einstweiligen Verfügung ein **Erwerbsverbot** zu erwirken, das dem Verkäufer die Annahme einer Auszahlung des Notars oder eine sonstige Verfügung über den Auszahlungsanspruch verbietet (*Zimmermann*, DNotZ 1980, 451, 471).

156 Auf keinen Fall kann der Notar selbst als Träger eines öffentlichen Amtes im Wege der einstweiligen Verfügung von einem der Verfahrensbeteiligten angewiesen werden, Auszahlungen von einem Notaranderkonto zu unterlassen (OLG Stuttgart, DNotZ 1980, 496) oder zu veranlassen (OLG Hamm, DNotZ 1976, 312; OLG Düsseldorf, DNotZ 1983, 703).

157 Der Notar kann den Beteiligten auch empfehlen, den **Beschwerdeweg nach § 15 Abs. 1 Satz 2 BNotO** zu gehen. Im Beschwerdeverfahren kann das Gericht entscheiden, daß der Notar zur Vornahme einer Amtstätigkeit (Auszahlung) als auch zur Unterlassung (Nichtauszahlung) verpflichtet ist (OLG Hamm, MittRhNotK 1984, 170; *Brambring*, DNotZ 1990, 647; OLG Hamm, MittRheinNotK 1994, 183; a.A. LG Frankfurt, NJW 1990, 2139, und *Vollhardt*, MittBayNotK 1992, 383), wonach der Notar nicht gehindert werden könne, eine Amtshandlung (Auszahlung) vorzunehmen.

Zweckmäßig gibt der Notar den Beteiligten – ähnlich wie im Erbschaftsverfahren – einen Vorbescheid und kündigt an, wie er zu verfahren gedenkt, wenn nicht binnen einer zu bestimmenden Frist Beschwerde nach § 15 BNotO bei der zuständigen Zivilkammer des Landgerichts eingelegt wird (*Peter* BWNotZ 1985, 92). Ist er dann nicht bereit, nach den Vorstellungen der betroffenen Beteiligten die Auszahlung vorzunehmen, verweigert er insoweit die Amtstätigkeit. Der Betroffene kann im Wege der Beschwerde bei der im ersten Rechtszuge zuständigen Kammer des Landgerichts eine für den Notar bindende Entscheidung herbeiführen (BGH, DNotZ 1980, 476; *Haug*, DNotZ 1982, 601 m. W. Zit.).

Entscheidet also das Gericht, ist der Notar an die Beurteilung der Sach- und Rechtslage gebunden, es sei denn, der Sachverhalt oder das anzuwendende Recht hat sich zwischenzeitlich geändert. In diesem Falle hat er erneut zu prüfen, ob er die Amtshandlung ablehnen muß oder darf.

Gegen die Entscheidung des Gerichts kann derjenige die weitere Beschwerde einlegen, der ganz oder teilweise unterlegen ist. Nicht beschwerdeberechtigt ist jedoch der Notar, da er nicht Verfahrensbeteiligter ist (Mecke/Lerch § 54 RZ 4).

Der Notar sollte den Beschwerdeführer zweckmäßig auch darauf hinweisen,

daß es innerhalb des Beschwerdeverfahrens eine einstweilige Anordnung gegen den Notar mit dem Inhalt erwirken kann, daß dieser zur augenblicklichen Auszahlung nicht berechtigt sei. Voraussetzung ist, daß er zugleich Beschwerde eingelegt hat (OLG Düsseldorf DNotZ 1983, 703/1987, 562).

Die Beschwerdekammer ist allerdings nicht berufen, den inhaltlichen Streit der Beteiligten einer Hinterlegungsanweisung über die Wirksamkeit ihres Vertrages und über ihre gegenseitigen Zahlungsverpflichtungen auch endgültig auszutragen. Im Wege der Beschwerde kann allein geklärt werden, ob die Amtstätigkeit des Notars pflichtgemäß oder pflichtwidrig ist (Brambring, DNotZ 1990, 649, OLG Schleswig, NJW RR 1993, 894). Die endgültige Klärung kann nur im Zivilprozeß erfolgen. **158**

Wenn die Parteien gerichtliche Hilfen in Anspruch nahmen, hat der Notar die Gelder auf dem Anderkonto weiter zu verwahren. Eine Hinterlegung beim Amtsgericht unter Verzicht auf Rücknahme (§§ 372 ff. BGB) wäre schon deshalb schädlich, weil er sich wegen des geringeren Zinssatzes der Gefahr einer Haftung aussetzt (vgl. OLG Köln, DNotZ 1971, 599 und 1980, 503; OLG Hamm, DNotZ 1983, 63). **159**

Eine Verwahrung auf dem Festgeldkonto könnte allerdings jetzt ratsam sein (siehe hierzu unten VII 4 f., RZ 163).

Da der Notar die Beteiligten aber nicht zwingen kann, gerichtliche Hilfe in Anspruch zu nehmen, muß er – sobald die vertraglich vereinbarten Voraussetzungen für die Auszahlung vorliegen – in eigener Verantwortung entscheiden.

Sollte der Notar später auf Schadensersatz wegen unberechtigter Auszahlung oder Nichtauszahlung in Anspruch genommen werden, so kann er sich – wenn er die Parteien auf die obigen Möglichkeiten verwiesen hat – auf § 19 Abs. 1 Satz 3 BNotO i. V. m. § 839 Abs. 3 BGB berufen, wonach die Ersatzpflicht nicht eintritt, wenn der Verletzte vorsätzlich oder fahrlässig unterlassen hat, den Schaden durch Gebrauch eines Rechtmittels abzuwenden (*Haug*, Leitfaden, RZ 45, OLG Frankfurt DNotZ 1967, 587).

Die Fehleinschätzung der Rechtslage durch den Notar, ob Auszahlung oder nicht, ist im übrigen nach der zutreffenden Ansicht *Haugs* jedoch (Amtshaftung, S. 473) entschuldbar, wenn er bei der rechtlichen Beurteilung des Sachverhalts nach sorgfältiger Prüfung eine vertretbare Lösung getroffen hat. Die Ansicht wird bestätigt durch die Entscheidung des OLG Hamm (DNotZ 1983, 703), nach der der Notar jedenfalls dann nicht pflichtwidrig handelt, wenn er die weitere Abwicklung des Treuhandkontos auf Weisung der gefährdeten Partei vorerst anhält, falls für ihn erkennbar ist, daß voraussichtlich einem der am Hinterlegungsgeschäft Beteiligten ein nicht mehr wiedergutzumachender Schaden droht und dieser aus einem z. Z. der Hinterlegungsvereinbarung noch nicht erkennbaren Umstand durch eine Auszahlung geschädigt werden könnte.

cc) Vorgesehene gesetzliche Neuregelung

Der Gesetzentwurf zum BeurkG hat die von der Rechtsprechung und Schrifttum verarbeiteten Grundsätze in wesentlichen in dem vorgeschlagenen § 54 c BeurkG (siehe Anhang) berücksichtigt:

Bei einem mehrseitigen Verwahrungsgeschäft ist der einseitige Widerruf zunächst beachtlich, wenn er darauf gegründet ist, daß das zugrundeliegende Rechtsgeschäft in Frage gestellt ist, weil es aufgehoben, unwirksam oder rückabzuwickeln ist. Der Notar wartet also zunächst ab, ohne insoweit die Berechtigung des Widerrufs zu überprüfen. Er weist die Parteien jedoch darauf hin, daß der Widerrufende innerhalb einer von ihm festzusetzenden angemessenen Frist nachweisen muß, daß ein gerichtliches Verfahren zur Herbeiführung einer übereinstimmenden Anweisung rechtskräftig, ansonsten der Widerruf nach Ablauf der Frist für ihn unbeachtlich ist.

Der oben aufgezeigte Beschwerdeweg nach § 15 BNotO bleibt weiterhin gegeben.

e) Mehrseitige Treuhandverhältnisse

Die Beteiligten wurden darüber belehrt, daß die Verwendung der   160
Beträge auch von der Erfüllung der Auflagen der Kreditgeber des
Käufers abhängen kann, deren Weisungen hinsichtlich des durch sie
überwiesenen Betrages vor den Weisungen der Vertragsbeteiligten
Vorrang haben. Es ist Sache des Verkäufers, eine zur Erfüllung des
Vertrages geeignete Verwendung der Mittel bei Kaufpreisfälligkeit
sicherzustellen.

Oder:

Soweit die finanzierenden Institute dem beurkundenden Notar Treuhandaufträge erteilen sollten, willigen die Vertragschließenden schon
jetzt darin ein, daß Zahlungen auf den Kaufpreis, sie aus Mitteln der
finanzierenden Institute zu leisten sind, nach Maßgabe der von
diesen erteilten Treuhandaufträge geleistet werden. Insoweit sind die
Vertragschließenden mit einer Änderung der Auszahlungsbedingungen schon jetzt einverstanden; Änderungen der Fälligkeiten
der Kaufpreisraten dürfen durch Treuhandaufträge nicht erfolgen.
(*Zimmermann*, Anderkonto, DAI 1994, 79 und in *Kersten/Bühling*
RZ 51)

Bei Grundstücksgeschäften liegen i. d. R. mehrere Treuhandverhältnisse vor.

Beispiel:
Der Käufer erhält den Kaufpreis von einem Kreditinstitut als Darlehn. Zur Sicherung der
Kaufpreisfinanzierung sollen Grundpfandrechte eingetragen werden. Das Kreditinstitut
zahlt auf das Anderkonto des Notars ein, jedoch mit der Auflage, über diesen Betrag erst
zu verfügen, wenn die Eintragung eines Grundpfandrechts zu seinen Gunsten mit be-
stimmtem Rang im Grundbuch erfolgt ist.

Hier liegt ein besonderer rechtlich selbständiger Treuhandvertrag zwischen Bank und Notar vor.

161 Bildlich dargestellt:

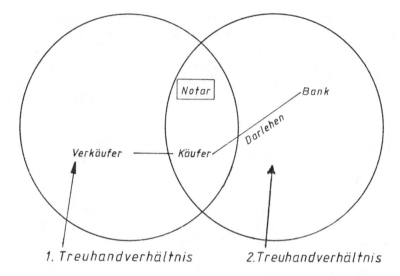

1. *Treuhandverhältnis*   2.*Treuhandverhältnis*

Wenn nun im obigen Treuhandverhältnis zwischen Käufer und Verkäufer vereinbart ist, daß nach Weisung der Beteiligten der auf das Anderkonto eingezahlte Kaufpreis an den Verkäufer auszuzahlen sei, sobald der Umschreibung des Eigentums keine Hindernisse mehr im Wege stehen, so können sich hier Schwierigkeiten ergeben, die die Erfüllung der übernommenen Verpflichtungen gegenüber den verschiedenen
Beteiligten unmöglich machen können. Die Weisungen des Kreditinstituts gehen – da es sich um ein einseitiges Treuhandverhältnis handelt –
den Weisungen der Vertragsbeteiligten vor. Der Notar muß daher versuchen, beide Treuhandverhältnisse einverständlich zu koordinieren.

162 Wichtig ist daher, daß der Notar die Treuhandaufträge der Banken
sorgfältig prüft und – wenn sie im Widerspruch zu dem Grundvertrag
stehen – auf Abänderung drängt, sofern nicht zwischen den Parteien
vereinbart worden ist, daß die Weisungen des Kreditinstituts Vorrang
haben sollen.

Ein einseitiges Abgehen des Notars von den Treuhandauflagen ist ein
wissentliches Abweichen von diesem Auftrag, der den Verlust des
Haftpflichtversicherungsschutzes zur Folge hat. Er muß sich daher vor

Annahme des Treuhandauftrages ausdrücklich dessen Abänderung durch die finanzierende Bank bestätigen lassen.

Auch wenn sich die Treuhandaufträge nicht unbedingt widersprechen, so müssen sie u. U. doch miteinander abgestimmt werden.

Beispiel:
Der Käufer ist bereit, eingetragene Belastungen, z. B. eine Dienstbarkeit, zu übernehmen. Die finanzierende Bank verlangt im Treuhandauftrag die absolut 1. Rangstelle. Hier darf der Notar über den von der Bank überwiesenen Betrag nur verfügen, wenn diese Dienstbarkeit gelöscht werden kann (Beispiel von *Reithmann*, S. 213).

Wegen der hier aufgezeigten Problematik verlangt § 11 Abs. 2 Satz 2 DONot, daß der Notar die **Annahme des Treuhandauftrages vermerkt** (s. oben RZ 130).

f) *Festgeldanlage*

Eine andere Anlage des auf Girokonto verwahrten Betrages – z. B. als Festgeld – soll der Notar bei einem einverständlichen Ansuchen der Beteiligten vornehmen, wenn dies nicht der ordnungsgemäßen Abwicklung des Rechtsgeschäfts entgegensteht (*Haug*, RZ 21), oder: 163
Der Hinterleger ist berechtigt, einseitig den Notar zur Festgeldanlage anzuweisen. Er steht jedoch dafür ein, daß hierdurch die Abwicklung des Kaufvertrages nicht verzögert wird.
(*Zimmermann*, aaO RZ 51).

Ohne ausdrückliche Weisung oder Einverständnis der Beteiligten darf der Notar die Gelder nicht festlegen (*Weingärtner/Schöttler*, RZ 179 m. Hinw.). Er ist aber verpflichtet, in der Hinterlegungsanweisung/-vereinbarung auf eine Regelung hinzuwirken und dabei die Beteiligten auf eine zinsgünstige Anlage hinzuweisen (LG Darmstadt, JurBüro 1986, 431), evtl. auch noch später bei der Abwicklung des Treuhandgeschäftes (vgl. LG Koblenz, DNotZ 1983, 705). Der Hinweis darf fehlen, wenn die Beteiligten juristisch und wirtschaftlich erfahren oder durch einen Anwalt vertreten sind (vgl. OLG Schleswig, DNotZ 1978, 103). Wenn allerdings ungewiß ist, wie lange der Vollzug des Urkundengeschäftes dauern wird, erfahrungsgemäß mit der baldigen Duchführung gerechnet werden kann, hat der Notar jedenfalls dafür zu sorgen, daß das Geld bei vorliegender Auszahlungsvoraussetzung frei ist; ansonsten kann er sich schadensersatzpflichtig machen. Der Gesichtspunkt der Verfügbarkeit 164 hat Vorrang vor dem des Zinsertrages (*Seybold/Hornig*, § 23 DONot, RZ 29).

Mögliche Weisungen der Beteiligten haben schriftlich zu erfolgen. Die Anlage der Gelder in Wertpapierfonds oder Geldmarktfonds (»Bestgeld statt Festgeld«) ist unzulässig. Wenn die Beteiligten das Geld in Wertpapieren angelegt haben wollen, müssen sie selbst die Wertpapiere kaufen und diese dem Notar in Verwahrung geben.

g) Die Auszahlung

165 **Der Notar darf über den hinterlegten Betrag nur verfügen, wenn ... (Auszahlungsvoraussetzung).**

Er hat Zahlungen wie folgt vorzunehmen: ...

Der nach Ablösung der vorgenannten Verbindlichkeiten verbleibende Restbetrag ist nach schriftlicher Weisung des Verkäufers auszuzahlen.

(Vorschlag: *Zimmermann*, in: *Kersten/Bühling*, RZ 51 und Das Anderkonto DAI 1994, S. 79)

aa) Auszahlungsvoraussetzungen

166 Geregelt werden muß – schon im Hauptvertrag –, wann der Notar die Gelder auszuzahlen hat (Auszahlungsreife). Wichtig ist, daß die verantwortliche Prüfung, ob die Auszahlungsvoraussetzungen vorliegen, durch den Notar selbst möglich ist. Er sollte sich davor hüten, Feststellungen von Zahlungsvoraussetzungen tatsächlicher Art zu übernehmen, soweit diese seine juristische Fachkompetenz überschreiten (siehe oben RZ 129).

167 Beispiel:
Notar X beurkundet einen Grundstückskaufvertrag über ein bebautes Grundstück. Der Kaufpreis wird auf Anderkonto hinterlegt. Voraussetzung der Auszahlung ist neben Eintragung einer Auflassungsvormerkung und Rechtswirksamkeit des Vertrages die Räumung des Kaufobjektes.

Der Notar ist lediglich zur rechtlichen Überprüfung der Auszahlungsvoraussetzungen in der Lage. Die Räumung des Kaufobjekts festzustellen, ist nicht seine Sache.

Er könnte den Parteien sinngemäß folgende Vereinbarung empfehlen:

Die Räumung ist dann als erfolgt anzusehen, wenn der Käufer sie schriftlich bestätigt hat. Der Verkäufer braucht jedoch die Schlüssel zu dem Objekt dem Käufer nur Zug-um-Zug gegen diese Erklärung herauszugeben.

Oder ebenso bedenklich:

Die Auszahlung soll erfolgen, wenn ein bestimmter Bauabschnitt erreicht ist.

Hier soll er darauf drängen, daß die Parteien – wenn sie sich nicht darauf einigen könen, daß die Bestätigung des Käufers entscheidend ist – sich auf die Feststellungen eines unabhängigen Dritten einigen, und zwar möglichst nicht auf den für den Veräußerer arbeitenden bauleitenden Architekten, da dieser u. U. ein persönliches Interesse an der Auszahlung der Gelder haben kann (vgl. *Zimmermann*, aaO, S. 2265); siehe hierzu auch Formulierungsbeispiel RZ 152.

Oder:

Die Auszahlung soll erfolgen, wenn die Baugenehmigung für den Ausbau des Hauses auflagenfrei erteilt ist (Beispiel: von *Brambring*, DNotZ 1990, 629).

Auch hier ist der Notar nicht in der Lage, den Eintritt der Voraussetzung festzustellen. Er muß die Vereinbarung so formulieren, daß der Käufe die Erteilung der Baugenehmigung zu bestätigen hat.

Bedenklich ist, das Vorliegen der **Unbedenklichkeitsbescheinigung** des Finanzamts als Auszahlungszeitpunkt festzulegen, da der Käufer durch Nichtzahlung der Grunderwerbsteuer die Ausstellung der Unbedenklichkeitsbescheinigung verzögern kann; der Notar kann sich hier schadensersatzpflichtig machen (OLG Hamm, DNotZ 1992, 821 f. m. w. Hinw.). Zumindest sollte der Eintritt des Verzuges für einen solchen Fall geregelt sein, etwa wie folgt:

167a

Verzögert sich die Erteilung der Unbedenklichkeitsbescheinigung und wird dadurch die Auszahlung des Kaufpreises behindert, so gilt die Behinderung als Zahlungsverzug, sofern der Käufer diesen Umstand zu vertreten hat.

Der Notar muß sich strikt an die Auszahlungsweisungen halten; ihm steht kein Ermessensspielraum zu (OLG Celle, Urteil vom 14. 3. 1988, abgedr. in Informationen der Notarkammer Celle 1988 Nr. 1 S. 37).

168

In der Entscheidung des OLG Celle sind einige grundsätzliche Ausführungen enthalten:

...

Der Notar ist nicht berechtigt, seine persönliche Risikobereitschaft an die Stelle der von den Beteiligten gewünschten risikofreien Abwicklung eines Geschäftes zu setzen ...

Es kommt nicht darauf an, für wie gut oder schlecht er die Bonität einzelner Beteiligter einschätzt ...

169 Wenn z. B. vereinbart ist, daß erst dann ausgezahlt werden darf, wenn die ranggerechte Eintragung des ausbedungenen neuen Grundpfandrechts auch wirklich gesichert ist, darf der Notar erst auszahlen, wenn der entsprechende Eintragungsantrag dem Grundbuchamt vorliegt und im Augenblick des Eintrags des Antrages keine anderweitigen, den Rang gefährdenden Voreintragungsanträge vorliegen.

Wenn der Notar bewußt von dem ihm erteilten Treuhandauftrag abweicht, läuft er nicht nur Gefahr, nicht versichert zu sein. Er begeht gleichzeitig ein vorsätzliches Dienstvergehen (OLG Celle, aaO).

170 Wenn die »Sicherstellung einer Eintragung« als Auszahlungsvoraussetzung vereinbart ist, ist die Eintragung erst dann »sichergestellt«, wenn zur Eintragung des Rechts nur noch das pflichtgemäße Handeln des Notars und des zuständigen Grundbuchbeamten erforderlich ist (BGH, DNotZ 1987, 560; *Haug*, Leitfaden, RZ 27).Der Notar muß sich deshalb auch vergewissern, daß keine unerledigten Zwischenanträge vorliegen. Ein Zuwarten des Notars bis zum Vollzug der Eintragung hat das KG (DNotZ 19987, 576) in einem Haftpflichtfall nicht als pflichtwidrig angesehen. Siehe auch *Weingärtner/Schöttler*, RZ 148n.

Die Sicherstellung setzt i. d. R. aber nicht voraus, daß die entstandenen Gerichtskosten bereits eingefordert und eingezahlt sind; wenn die Eintragung nach Stellung der Anträge nur noch vom pflichtgemäßen Ermessen des Grundbuchbeamten – und zwar zur Anforderung der Kosten bei dem zur Zahlung bereiten Notar (OLG Celle, DNotZ 1994, 117: nur dann, wenn dieser verpflichtet ist, den Vorschuß aus eigenen Mitteln zu verauslagen) – und vom pflichtgemäßen Handeln des Notars – nämlich der Einzahlung der angefochtenen Kosten – abhängt, ist sie vollkommen unabhängig vom Willen der Parteien (KG, DNotZ 1991, 762). Keinesfalls darf eine solche Auflage zu einer Garantenstellung des Notars führen (vgl. Haug, Amtshaftung, RZ 702).

Die Rheinische Notarkammer und der PräsOLG Düsseldorf raten von der »Sicherstellung« oder »Gewährleistung« der Eintragung mit Nachdruck ab (Schreiben der RheinNotK vom 12. 3. 1990).

Sie weisen darauf hin, daß – abgesehen von den in Einzelfällen aufgetretenen Schwierigkeiten – die Klausel bedenklich sei, da der Notar nach § 14 Abs. 4 Satz 1 DNotO im Zusammenhang mit seiner Amtstätigkeit keine irgendwie geartete »Gewährleistung« für einen Beteiligten übernehmen dürfe. Eine Auszahlung des Kaufpreises unter der Voraussetzung, daß der Notar Gelder nur auszahlen dürfe, wenn die Eintragung des Erwerbers im Grundbuch gewährleistet oder sichergestellt sei, liefe aber zumindest mittelbar auf eine dem Notar nicht gestattete Gewährleistung hinaus.

bb) Auszahlungsmodalitäten

Auszuzahlen ist an den in der Hinterlegungsanweisung bestimmten Berechtigten; das wird i. d. R. der andere Vertragspartner oder ein von ihm *schriftlich* benannten Dritter sein (z. B. der oder die zu befriedigenden Gläubiger, der Makler hinsichtlich eines Teilbetrages).   171

Bei begründeten Zweifeln darüber, ob ein Driter bevollmächtigt ist, die Auszahlung der Gelder an sich zu verlangen, kann der Notar darauf bestehen, daß die Echtheit der Unterschrift unter der ihm vorgelegten Vollmacht öffentlich beglaubigt wird (OLG Hamm, DNotZ 1963, 635).

Bei Zweifeln über die Person des Empfangsberechtigten darf er das Geld beim Amtsgericht hinterlegen (BGH DNotZ 1960, 265; *Haug*, DNotZ 1982, 604), wenn seine Ungewißheit nicht auf seiner Fahrlässigkeit beruht (OLG Frankfurt, DNotZ 1969, 515):

Wenn die Parteien sich darüber einig sind, daß zwar die Auszahlungsvoraussetzungen vorliegen, Streit jedoch darüber besteht, ob der Betrag z. B. noch der Verkäuferin oder infolge einer Abtretung einem Zessionar zusteht, ist dies kein Fall des § 15 BNotO; hier ist ein Zivilrechtsstreit zu führen (OLG Frankfurt, MittRhNotK 1987, 82).   172

Ist Auszahlungsreife eingetreten, der Verkäufer jedoch die Weiterverwahrung auf dem Anderkonto wünscht, so ist dies ein neues, einseitiges notarielles Verwahrungsgeschäft.

cc) Verrechnung mit Kostenforderungen

Nach § 12 Abs. 3 Satz 5 DONot (§ 54 b Abs. 3 BeurkG, Entwurf, siehe Anhang) ist der Notar berechtigt, Gelder zur Bezahlung von Kostenforderungen dem Anderkonto zu entnehmen oder auf sein Konto zu überweisen. Er darf also Beträge zur Verrechnung mit seinen Gebühren aus einem Notariatsgeschäft entnehmen, wenn diese im Zusammenhang mit diesem Notariatsgeschäft stehen. Zulässig ist daher die Entnahme der Hebegebühr (§ 149 Abs. 1 Satz 2 KostO) und die Aufrechnung mit solchen Gebührenansprüchen, die auf einer mit der betreffenden Ver-   173 wahrmasse sachlich zusammenhängenden Tätigkeit des Notars – wie z. B. bei Beurkundungen – herrühren.

174 Streitig war, ob er auch mit Gebühren aus anderen Notariatsgeschäften verrechnen darf, bejahend: *Zimmermann* (DNotZ 1989, 258 und 1985, 15; OLG Köln, DNotZ 1987, 571); verneinend: OLG Düsseldorf, DNotZ 1991, 557; OLG Köln, DNotZ 1989, 257; *Bräu*, RZ 205; *Weingärtner/Schöttler*, RZ 183, siehe auch dort ausführlich zum Meinungsstand. Die letzte Ansicht scheint sich durchzusetzen.

Wegen der zweifelhaften Rechtslage empfiehlt sich deshalb die vorgeschlagene Regelung in die Hinterlegungsvereinbarung aufzunehmen.

Im Einzelfall kann auch eine sonst erlaubte Verrechnung unzulässig sein:

Beispiel:
100 000 DM sind auf dem Anderkonto ausgezahlt und müßten weitergeleitet werden. Der Notar will mit 5 000 DM Gebührenforderungen aufrechnen, so daß der volle Betrag nicht wie vereinbart ausgezahlt werden kann und der Vertrag »platzt«.

Siehe hierzu *Weingärtner/Schöttler*, RZ 183.

175 Die Überweisung auf das eigene Konto ist allerdings nur dann zulässig, wenn eine fällige, gem. § 154 KostO ordnungsgemäß erstellte und mitgeteilte Kostenberechnung vorliegt. Der Verwendungszweck ist auf dem Überweisungsträger anzugeben (§ 12 Abs. 3 Satz 5 2. Halbsatz DONot § 54 b Abs. 3 S. 4 BeurkG (Entwurf), siehe Anhang). Abhebungen zur Verrechnung von sonstigen Forderungen, wie z. B. Anwaltsgebühren, sind ohne schriftliches Einverständnis des Berechtigten nicht zulässig. Im übrigen siehe zu dem Problem auch BGHZ 14, 347: Aufrechnung im Treuhandverhältnis eines Rechtsanwaltes.

Dem Notar bleibt jedoch unbenommen, aufgrund einer vollstreckbaren Kostenrechnung die Ansprüche auf »Auszahlung« des hinterlegten Kaufpreises bei sich selbst zu pfänden und überweisen zu lassen (Zimmermann, Anderkonto, DAI S. 116).

h) Zinsen

176 **Die Erträgnisse (Zinsen) des verwahrten Betrages stehen ab ... (z. B. Eintragung der Auflassungsvormerkung, Auszahlungsreife) dem Empfangsberechtigten (Verkäufer) zu.** (Vorschlag: *Haug*, RZ 21).

Eventuelle Verzugszinsen wegen nicht fristgerechter Hinterlegung des Kaufpreises berühren diese Hinterlegungsvereinbarung und ihre Abwicklung nicht. Sie sind gesondert geltend zu machen und werden nicht über das Notaranderkonto abgerechnet.

Die Zinsen sind in voller Höhe – evtl. nach Abzug der Bankkosten – an die oder den Berechtigten auszuzahlen (§ 12 Abs. 3 Satz 6 DONot).

Wer Zinsberechtigter ist, muß sich aus der Hinterlegungsvereinbarung **177** ergeben. Fehlen übereinstimmende Erklärungen der Beteiligten zu dieser Frage, muß der Notar auf eine entsprechende Erklärung hinwirken. Scheitern seine Bemühungen, so darf er nach h. M. auch nicht selbständig »wie ein Richter« entscheiden. Beim Scheitern seiner Bemühungen muß er den Ausgang eines Rechtsstreits abwarten (KG, DNotZ 1973, 500; *Peter*, BWNotZ 1985, 89). A.A. *Reithmann* (Vorsorgende Rechtspflege, S. 227): auch ohne eine besondere Vereinbarung könne davon ausgegangen werden, daß die Zinsen vom Zeitpunkt des Nutzungsübergangs (§ 452 BGB) dem Verkäufer zustehen. Siehe auch *Weingärtner/Schöttler*, RZ 178; *Bräu*, RZ 177 und 200).

Die Frage der Zinsen ist bedeutend für die Zinsabschlagsteuer, siehe hierzu: *Weingärtner/Schöttler*, RZ 178a, und Schreiben des BMF vom 28. 10. 1992, abgedruckt in *Weingärtner*, Notarrecht, Ord.-Nr. 502.

Eine Vereinbarung, wonach dem Notar die Zinsen zustehen sollen, ist unzulässig (AV des JM vom 25. 1. 1985, JMBl. NW S. 37), ebenso eine Vereinbarung mit dem Kreditinstitut über die Verzinsung eines »Bodensatzes« oder die Auskehrung von Zinsüberschüssen an den Notar.

Die Zinsen sind über das Notaranderkonto abzurechnen und nicht über **178** das Geschäftskonto des Notars. Nach Abrechnung des Kontos noch eingehende Zinsbeträge sind selbstverständlich nachträglich an die Empfangsberechtigten auszuzahlen.

Hinsichtlich der Regelung über anfallende **Verzugszinsen** sei auf die **179** Entscheidung des OLG Schleswig (DNotZ 1985, 310) verwiesen:

Im Grundstückskaufvertrag war geregelt, daß der Käufer den Kaufpreis bis zu einem bestimmten Datum auf Notaranderkonto einzahlen sollte. Es heißt dann weiter wörtlich:
»Der Notar weist darauf hin, daß Zahlungen, die treuhänderisch geleistet werden, erst als gezahlt gelten, sobald die mit dem Treuhandauftrag verbundenen Auflagen erfüllt sind und über den Kaufpreis frei verfügt werden kann.
Bei nicht rechtzeitiger Zahlung des Kaufpreises ist der rückständige Betrag mit 4% über dem Diskontsatz der Deutschen Bundesbank jährlich zu verzinsen.«

Die Zahlung der kreditierenden Bank erfolgte rechtzeitig, aber unter Treuhandauflagen.

Das OLG legte die obige Regelung zutreffend dahin aus, daß die Hinterleger die vereinbarten Zinsen zahlen mußten, solange der Betrag wegen der Treuhandauflagen der Bank nicht frei zur Verfügung stand. Siehe auch oben VII 4 c; RZ 141.

Darauf hinzuweisen ist, daß der Notar einen Vertragspartner nicht im Auftrage des anderen durch Mahnung in Verzug setzen darf; er würde sonst einseitige Interessen vertreten, siehe aber RZ 32.

i) Nichtdurchführung des Vertrages

180 **Sollte der zugrundeliegende Vertrag aus Gründen, die der Hinterleger (Käufer) nicht zu vertreten hat, nicht bis zum ... vollzogen werden, so kann dieser einseitig die Rückzahlung des hinterlegten Betrages (nebst angefallenen Zinsen, jedoch abzüglich angefallener Bankgebühren) verlangen.**

(*Haug*, Leitfaden, RZ 21, *Zimmermann* aaO).

Diese Regelung sollte z. B. dann erfolgen, wenn die konkrete Möglichkeit besteht, daß die Durchführung des Vertrages sich verzögern könnte.

Wenn der Notar feststellt, daß der hinterlegte Kaufpreis nicht ausreicht, z. B. um die eingetragenen Belastungen wegzufertigen, müssen die einbezahlten Beträge nebst angefallenen Zinsen zurückgezahlt werden; das Treuhandverhältnis muß rückabgewickelt werden (*Reithmann*, S. 226, Beck'sches Handbuch, A I 375).

181 Wollen beide Vertragsparteien, daß der zugrundeliegende Vertrag nicht mehr durchgeführt oder erfüllt werden soll, ist ein einseitiger Widerruf des Treuhandverhältnisses, z. B. durch den Käufer, dessen Gelder auf das Anderkonto geflossen sind, zulässig.

Ein derartiger einseitiger Widerruf führt zwar i. d. R. nur dazu, daß das Geld auf dem Anderkonto zu verbleiben hat und nicht entsprechend den ursprünglichen beiderseitigen Weisungen zu verwenden ist. Wenn jedoch die Hinterlegungsvereinbarung für diesen Fall keine weiteren Regelungen enthält, sind fortan nur die Weisungen des Hinterlegers maßgebend (OLH Hamm, Beschluß vom 2. 12. 1986, MittRhNotK 1987, 55; DNotZ 1987, 574 ff.).

Es sei noch auf eine Entscheidung des BGH (WM 1988, 337 = DNotZ **182** 1988, 383) hingewiesend:

Im Grundstückskaufvertrag war dem Erwerber ein Rücktrittsrecht eingeräumt worden. Vertragsgemäß wurde zugunsten des Erwerbers eine Auflassungsvormerkung eingetragen. Der Notar war angewiesen, die Auszahlung der auf das Anderkonto eingezahlten Gelder erst dann an den Verkäufer zu veranlassen, wenn das Eigentum im Grundbuch umgeschrieben war. Der Käufer zahlte den Kaufpreis auf das Notaranderkonto. Alsbald trat er jedoch vom Kaufvertrag zurück.
Der Notar zahlte daraufhin den Kaufpreis vom Anderkonto an den Käufer zurück, ohne daß jedoch zuvor die Auflassungsvormerkung gelöscht worden war.
Als der Verkäufer versuchte, das Grundstück anderweitig zu verkaufen, scheiterte sein Bemühen daran, daß noch die Auflassungsvormerkung zugunsten des Erwerbers eingetragen war.

Der Bundesgerichtshof (aaO) bejahte hier ein Schadensersatzpflicht des Notars: Dem Verkäufer sei dadurch ein Schaden entstanden, daß der Notar keine ausreichende Sicherung für die Rückabwicklung des Vertrages in die notarielle Vereinbarung aufgenomme hatte. Es sei eine Regelung etwa in dem Sinne notwendig gewesen, daß im Falle des vorgesehenen Rücktritts des Erwerbers der hinterlegte Kaufpreis an diesen erst ausgezahlt werden dürfe, »sobald dem Notar die Löschungsunterlagen für die etwa zur Sicherung der Kaufpreiszahlungen eingetragenen Grundpfandrechte und für die **Auflassungsvormerkung** vorliegen«. Dann wäre der Verkäufer gesichert gewesen: Der Notar hätte den Kaufpreis erst zurückzahlen dürfen, nachdem die Auflassungsvormerkung gelöscht war; das Grundstück wäre dann lastenfrei gewesen.

j) Kosten der Hinterlegung

Die Kosten der Hinterlegung trägt ... **183**
Wenn hier keine ausdrückliche anderweitige Regelung getroffen ist, hat nach § 12 Abs. 3 Satz 6 DONot derjenige die Kosten zu tragen, dem auch die Zinsen zustehen.
Zweckmäßig sollte jedoch eine Regelung erfolgen, da bei einer Zinsaufteilung sonst kompliziert gerechnet werden muß.

5. Auszahlungsmodalitäten

Nach § 12 Abs. 3 Satz 1 (§ 54 b Abs. 3 S. 2 BeurkG, Entwurf, siehe **184** Anhang) ist darf der Notar über Beträge des Anderkontos nur verfügen, um sie unverzüglich dem Empfangsberechtigten oder einem von diesem schriftlich benannten Dritten zuzuführen. Wer Empfangsbrechtigter ist, muß sich bei ordnungsgemäßer Hinterlegungsanweisung aus dieser ergeben. Bei begründeten und nicht auf Fahrlässigkeit beruhenden Zweifeln handelt der Notar nicht pflichtwidrig, wenn er, nachdem er die sich um die Empfangsberechtigung Streitenden von seinen Bedenken in Kenntnis gesetzt hat, den hinterlegten Betrag weiter verwahrt, bis sämtlich als empfangsberechtigte in Frage kommenden Personen übereinstimmende Erklärungen abgegeben haben bzw. die Frage im ordentlichen Prozeß entschieden worden ist (OLG Hamm, DNotZ 1994, 122, siehe oben RZ 157 ff). Soll nicht an den, der hier genannt worden ist, ausgezahlt werden, sondern an einen Dritten, muß – wie bereits erwähnt – eine *schriftliche* Anweisung vorliegen.

Sind auf der Verkäuferseite mehrere Personen beteiligt (Eheleute, BGB-Gesellschafter, Erbengemeinschaft), sollten die Anteile – u. U. die Quoten, falls die Höhe des den Verkäufern nach Ablösung verbleibenden Kaufpreisrestes nicht feststeht – und die Kontoverbindung in die Vertragsurkunde selbst aufgenommen werden (*Brambring*, DNotZ 1990, 630).

185   Nach § 13 Abs. 4 Satz 3 muß die Überweisung durch Belege nachgewiesen werden, und zwar grundsätzlich durch eine **Ausführungsbestätigung der Bank**. Diese muß also aussagen, daß die Bank den Überweisungsauftrag jedenfalls in ihrem Geschäftsbereich ausgeführt hat (§ 13 Abs. 4 Satz 3 DONot). Es genügt also nicht die Eingangsbestätigung der Bank.

Die Ausführungsbestätigung kann durch Aufdruck eines entsprechenden Stempelabdrucks mit Datumsangabe und Unterschrift erfolgen.

Wenn die Erklärung nicht durch Aufdruck, sondern in einer vom Überweisungsträger isolierten Erklärung erfolgt, ist diese entweder untrennbar mit der Durchschrift des Überweisungsträgers zu verbinden, oder sie muß zusätzlich die wesentlichen Angaben des Überweisungsauftrages enthalten, nämlich:

Name und Kontonummer des Anweisenden
sowie Überweisungsbetrag
Name, Kontonummer und Bankverbindung des Empfängers.

Kurzum, sie muß den Inhalt des Überweisungsauftrages vollständig erkennen lassen. Eine einfache Durchschrift des Überweisungsträgers oder eine vom Kreditinstitut abgestempelte Durchschrift sind – auch in Verbindung mit dem Kontoauszug für das Anderkonto – kein ausreichender Nachweis dafür, daß der genannte Betrag einem bestimmten Empfänger gutgebracht worden ist. Die üblichen Tageskontenauszüge reichen auf jeden Fall nicht aus, , auch nicht, wenn der von der Bank erstellte – nicht unterschriebene – Kontoauszug alle die Angaben enthält, die auch in der Ausführungsbestätigung aufgeführt werden müssen (BNotK, Schreiben vom 26. 7. 94).

Nach § 12 Abs. 3 Satz 4 DONot (§ 54 b Abs. 3 S. 2 u. 3 BeurkG, Entwurf, siehe Anhang) ist eine Auszahlung in bar oder mittels Scheck nur ausnahmsweise zulässig. Es muß ein wichtiger Grund vorliegen. Der wichtige Grund ist nach der AV des Justizministers zu §§ 11, 12 (JMBl. NW 1985, 37) aktenkundig zu machen. (So auch § 54 Abs. 3 S. 3 BeurkG, Entwurf, siehe Anhang). 186

Wenn nun ein wichtiger Grund vorliegt, die Gelder ausnahmsweise mittels Scheck oder bar auszuzahlen, muß der Empfänger den Empfang des Geldes ausdrücklich quittieren, nachdem der Notar nach § 25 DONot zunächst die Person der Beteiligten mit besonderer Sorgfalt festgestellt hat (§ 13 Abs. 4 Satz 2 DONot). Das heißt, er muß sich **persönlich** von der Identität des Empfängers überzeugen, evtl. durch Vorlage des Ausweises oder durch Vorstellung des Beteiligten durch einen glaubwürdigen Dritten. Formulierungsvorschlag einer Empfangsquittung: *Weingärtner/Schöttler*, RZ 209 b.

Ausdrücklich weist das Gesetz in § 13 Abs. 4 Satz 5 noch einmal darauf hin, daß Eigenbelege des Notars nicht als ausreichend bezeichnet werden können.

Die Belege über Einnahmen – soweit vorhanden – und Ausgaben werden mit der Nummer der Masse bezeichnet, die sich aus dem Massenbuch ergibt. Sie werden nach § 21 Abs. 2 DONot in der »gesonderten« Blattsammlung abgeheftet, siehe oben RZ 56 f.

6. Allgemeine Hinweise zur Eintragung im Massen- und Verwahrungsbuch

Einnahmen und Ausgaben sind hier nicht zu registrieren. Nach § 13 Abs. 1 DONot **muß** jede Einzahlung und jede Ausgabe **am Tage** des 187

Eingangs oder der Ausgabe sowohl in das Verwahrungs- als auch in das Massenbuch eingetragen werden. Es ist streng darauf zu achten, daß die Eintragungen sofort am selben Tag erfolgen. Der Notar kann sich nicht zur Entschuldigung verspäteter Eintragungen auf Personalschwierigkeiten berufen.

188 Bei bargeldlosem Zahlungsverkehr ist spätestens am Tag des Eingangs des Kontoauszuges einzutragen, und zwar nicht unter dem Wertstellungsdatum, sondern unter dem Datum des Eingangs des Kontoauszuges. Steht die Einzahlung bereits vorher zuverlässig fest, kann die Buchung auch bereits vorher unter dem Tagesdatum erfolgen (siehe oben IV, streitig; vgl. Einzelheiten Weingärtner/Schöttler, RZ 195 f.; im übrigen siehe oben RZ 53).

Zur Eintragung der Bescheinigungen über die Zinsabschlagsteuer siehe oben RZ 54 a. Zur (Nicht-)Buchung bei Festgeldkonto siehe oben RZ 55.

189 In Nordrhein-Westfalen ist auf die Besonderheit hinzuweisen, daß auch das Massenbuch abzuschließen ist (AV des JM vom 25. 1. 1985, JMBl. 1985, 37). Das kann beispielsweise wie folgt geschehen:

Jahresabschluß nach 1994	
Gesamteinnahme	1 112 750,- DM
Gesamtausgabe	1 101 000,- DM
Bestand und Vortrag 1994	11 750,- DM

Dieser Bestand ist im Massenbuch nachgewiesen mit den Massen	
Nr. 2 aus 1990	1000,- DM
Nr. 1 aus 1992	750,- DM
Nr. 9 aus 1993	10 000,- DM
	11 750,- DM

Dortmund, den 2. 1. 1995

Unterschrift des Notars

VIII. Der Prüfungsbericht

Der Prüfer faßt seine Beanstandungn in einem Bericht zusammen, den 190 er dem Präsidenten des Landgerichts vorlegt.

Ein guter Prüfungsbericht sollte im übrigen nicht nur Beanstandungen und belehrende Hinweise enthalten, sondern auch die bei der Prüfung hervorgehobenen positiven Aspekte hervorheben.

Der Bericht wird sodan mit dem Bericht über die Prüfung der Kosten und der Verwahrungsgeschäfte dem Notar unter »persönlich« zur Stellungnahme zugesandt. Die Beanstandungen sind – soweit wie möglich – zu beheben. Soweit der Notar diese Aufgaben seinen Mitarbeitern überläßt, muß er sich persönlich vergewissern, daß die festgestellten Mängel tatsächlich behoben worden sind. Die Erstattung falscher Berichte verstößt gegen die Wahrheitpflicht des Notars und ist deshalb regelmäßig als grobe Fahrlässigkeit zu werten (BGH, DNotZ 1973, 174) und wird dientrechtlich geahndet (siehe aber RZ 4 ff.)

»Zuwenig-« oder »Zuviel-Forderungen« bei Kostenberechnungen sind – sofern sie nicht einen geringfügigen Betrag ausmachen – nachzufordern oder zu erstatten.

Erkennt der Notar eine Kostenbeanstandung nicht an, kann er nach § 156 KostO angewiesen werden, eine Entscheidung der Beschwerdekammer herbeizuführen.

Sind bei der Prüfung schwerwiegende Mängel festgestellt worden, so können disziplinarrechtliche Maßnahmen notwendig sein. U. U. wird auch die nächste Prüfung nicht erst nach 4 Jahren erfolgen, sondern vorgezogen werden.

Bei der nächsten Geschäftsprüfung wird regelmäßig stichprobenweise geprüft, ob der Notar – wie er zugesichert hat – die Beanstandungen tatsächlich behoben hat.

IX. Zusammenstellung häufiger Mängel aus dem Bereich des Anwaltsnotariats bei Grundbuch- und Registeranträgen

– Auszug aus dem Schreiben des Hauptpersonalrates bei dem Justizministerium des Landes NW vom November 1993 –

Die Art der Beanstandungen erfaßt alle Bereiche, zum Teil auch Fälle **191** einfachster Art. Eine abschließende Aufzählung ist wegen der Vielzahl und der breiten Fächerung der auftretenden Mängel nicht möglich. Folgende Bereiche haben die Grundbuchämter wiederholt genannt, in denen es häufiger zu Schwierigkeiten kommt:

– Unkenntnis der Vorschriften der Grundbuchordnung, z.B. Vorlagepflicht gem. § 2 Abs. 3 GBO, Belastung gem. § 7 GBO, Antragsberechtigung gem. § 9 GBO, genaue Grundstücksbezeichnung bei Eintragung von Grunddienstbarkeiten und beschränkt persönlichen Dienstbarkeiten gem. § 28 GBO, Eintragung gemeinschaftlicher Rechte nach § 37 GBO
– Fehlende Kenntnis des Grundbuch-Verfahrensrechts, insbesondere bei unerfahrenen Anwaltsnotarinnen und -notaren
– Allgemein Unkenntnis des Liegenschaftsrechts
– Unvollständig ausgefüllte Urkundsvordrucke

– Fehlende Unterschrift der Notarin oder des Notars auf der Urkunde **192** oder bei Beglaubigungsvermerken
– Fehlendes Amtssiegel sowie fehlende Verbindung der Urkunde mit Schnur und Siegel
– Unvollständige und ungeprüfte Eintragungsunterlagen, z.B. fehlende Grundpfandrechtsbriefe, Genehmigungen und Pfandfreigaben, Unbedenklichkeitsbescheinigungen nach § 22 GrdErwStG, Genehmigungen nach dem BauGB, Mithaftentlassung, Nachweis der Abtretungsberechtigung, Veräußerungs- und Belastungsgenehmigungen, bspw. § 51 BauGB, § 144 BauGB, § 5 ErbBauVO, § 17 Reichsheimstättengesetz
– Unvollständige Bescheinigung über Vertretungsberechtigung nach § 21 BNotO

– Fehlender oder unvollständiger Nachweis der Vollmacht
– Fehlen einer Erklärung, ob bei einer Beurkundung oder Beglaubigung die Ausfertigung oder die Urschrift einer Vollmacht vorgelegen hat. Bei hinterlegten Vollmachten wird kaum auf das Aktenzeichen, unter dem die Vollmacht abgelegt ist, Bezug genommen

193 – Schlecht gegliederte Urkunden, die teilweise jeden Aufbau vermissen lassen
– Unklare Anträge; besonders häufig ist die Formulierung, den in der Urkunde enthaltenen Anträgen zu entsprechen. Die Anträge in der Urkunde sind nicht selten widersprüchlich, oftmals auslegungsbedürftig und können leicht übersehen werden. Nach dem Bericht eines Gerichtspräsidenten bezeichnen Nurnotarinnen und -notare demgegenüber die Anträge im Anschreiben selbst mit einer Genauigkeit, die den Anforderungen einer Klageschrift entspricht.
– Fehlende klare Trennung von Schuld- und sachrechtlichen Vereinbarungen; die grundbuchrelevanten Erklärungen sind nicht ersichtlich. In den Urkunden aus dem Bereich des Nurnotariats ist nach der Stellungnahme eines Präsidenten dagegen in aller Regel eine klare Trennung von schuldrechtlichen und dinglichen Erklärungen der Parteien festzustellen
– Die Urkunden enthalten teilweise überflüssigen Inhalt

194 – Fehlende Angaben des Geschäftswertes gem. § 31 a KostO
– Mangelnde Vorschußzahlung, § 8 KostO
– Fehlerhafte und unzureichende Grundbucheinsicht der Notarin oder des Notars, z.T. auch durch nicht ausreichend qualifizierte Mitarbeiterinnen und Mitarbeiter
– Anträge werden zu den falschen Grundakten eingereicht
– Die Grundstücksbezeichnung ist unzutreffend

195 – Die Unterscheidung zwischen Eigentümergrundbuch und dem dazugehörigen Erbbaugrundbuch ist ungenügend
– Bewilligungen bei der Bestellung von Rechten in Abt. II sind unvollständig oder fehlerhaft
– Eintragungen in Abt. II werden nicht berücksichtigt
– Bewilligungen bei der Bestellung von Grundpfandrechten sind unvollständig oder unrichtig, häufig fehlt die Bewilligung der Berechtigten

196 – Die Bestellung von Wohn- und Wohnungsrechten bereitet Schwierigkeiten, häufig fehlt die Verbindung mit Schnur und Siegel von Teilungserklärung und Bauzeichnung nebst Abgeschlossenheitsbeschei-

nigung bei der Eintragung von Wohnungs- und Teileigentumsrechten. Bei der Bildung von Wohnungseigentum sind die Bezeichnungen in den Aufteilungsplänen fehlerhaft und/oder unvollständig; Teilungserklärungen widersprechen sich häufig; Aufteilungspläne, die bei Erteilung von Abgeschlossenheitserklärungen von den Bauämtern zu prüfen sind, sind unzureichend

– Kein oder nur unvollständiger Nachweis der Verwaltereigenschaft bei zustimmungspflichtiger Veräußerung von Wohnungs- oder Teileigentum gem. §§ 26 Abs. 4, 24 Abs. 6 WEG

– Bei Erstellung von Aufteilungsplänen wird die neue obergerichtliche Rechtsprechung nicht beachtet

– Erbteilsübertragungen (Grundbuchberichtigung, § 22 GBO) und Auflassung im Rahmen der Beurkundung einer Erbauseinandersetzung werden verwechselt

– Nichtbeachtung des Vertretungsverbotes für den Vormund gemäß § 1795 BGB

– Vorschriften über das Wirksamwerden vormundschaftsgerichtlicher oder nachlaßgerichtlicher Genehmigungen werden nicht beachtet

– Unzureichende Bearbeitung von Anträgen bei Beteiligung von ausländischen Staatsangehörigen, insbesondere fehlende Angaben über Zeitpunkt und Ort einer evtl. Eheschließung und einer evtl. Güterrechtsvereinbarung zur Prüfung der Zulässigkeit eines Vertrages nach dem jeweiligen Landesrecht.
197

Auch in anderen Bereichen der freiwilligen Gerichtsbarkeit werden notarielle Urkunden eingereicht, die zu Beanstandungen Anlaß bieten.

Im Bereich des Nachlaßrechts sind notarielle Erbscheinsanträge nicht selten unvollständig. Es fehlen urkundliche Nachweise, genaue Angaben zu den Verwandtschaftsverhältnissen und zu durch Vorversterben vor dem Erblasser wegfallenden Personen.
198

Insbesondere, wenn Geschwister und Halbgeschwister als Erben vorhanden sind, werden die Erbquoten unrichtig bestimmt. Notariell beurkundete Erbausschlagungen sind oftmals unvollständig, so daß eine weitere Prüfung der Erbfolge oder die Notwendigkeit der Einrichtung einer Nachlaßpflegschaft anhand der Angaben nicht möglich ist. Erbausschlagungen erfolgen durch beschränkt geschäftsfähige Personen ohne vormundschaftsgerichtliche Genehmigung bzw. ohne Erklärung des Gebrauchmachens von der Genehmigung seitens des gesetzlichen Vertreters.

199 Zum Handelsregister werden aufgrund der vielfältigen und komplexen Materie unklare und unvollständige, mitunter auch unzulässige und überflüssige Anträge eingereicht. Häufig fehlt der Nachweis der Einzahlung des Stammkapitals bei Anmeldung einer Einmann-GmbH, die Vorlage des Einheitswertbescheides, bei späteren Anmeldungen die Versicherung gem. § 6 GmbHG bei Anmeldung eines Geschäftsführers und der Nachweis der Vertretungsbefugnis, wenn für eine GmbH oder eine AG, die Gesellschafterin ist, deren Geschäftsführer oder Vorstand in der Gesellschafterversammlung auftritt. Geänderte Gesellschaftsverträge werden ohne die Bescheinigung des Notars nach § 54 GmbHG eingereicht. Bei der Beschlußfassung in Gesellschafterversammlungen wirken neue Gesellschafter mit, ohne daß bei Einreichung der Anmeldung der Gesellschafterwechsel nachgewiesen wird.

Auch bei Anmeldungen zum Vereinsregister werden häufiger zu bemängelnde Anträge vorgelegt.

Muster 2

Jahr 1983 Urkundenrolle des Notars _____ in _____*) Seite 1

Lfd. Nr.	Tag der Ausstellung der Urkunde	Name, Wohnort der Beteiligten	Gegenstand des Geschäfts	Bemerkungen
1	2	3	4	5
1	3. Januar	Jürgen K. in B.; Hans H. in B.	Kaufvertrag und Auflassung	geändert**) durch Urk. Nr. 7/83
2	3. Januar	Erbengemeinschaft nach Friedrich E. in A.	Erbauseinandersetzungsvertrag	
3	3. Januar	AL Aktiengesellschaft in B.	Hauptversammlung	
4	3. Januar	AL Aktiengesellschaft in B.	Entwurf einer Anmeldung zum Handelsregister und Unterschr.-Begl.	
5	4. Januar	Erich E. u. Frau A. geb. Z. in D. mdj. F. A. in A.	Zustimmung zur Erbauseinandersetzung Nr. 2	verwahrt bei Nr. 2
6	7. Januar	Anton A. in B., Berta B. geb. A. in A.	Unterschriftsbeglaubigung	
7	7. Januar	Jürgen K. in B.; Hans H. in B.	Nachtrag zum Kaufvertrag Nr. 1	verwahrt bei Nr. 1

---

*) Wird die Urkundenrolle in Buchform geführt, so kann die Überschrift entfallen. Abweichungen von der Gestaltung der Urkundenrolle – ausgenommen Abweichungen im Format – bedürfen der Genehmigung der Aufsichtsbehörde.

**) Dieser Änderungsvermerk fehlt allerdings im amtlichen Vordruck, ist m. E. aber notwendig; siehe dazu RZ 45.

Haftung des Notars § 19 BNotO

unterscheide:

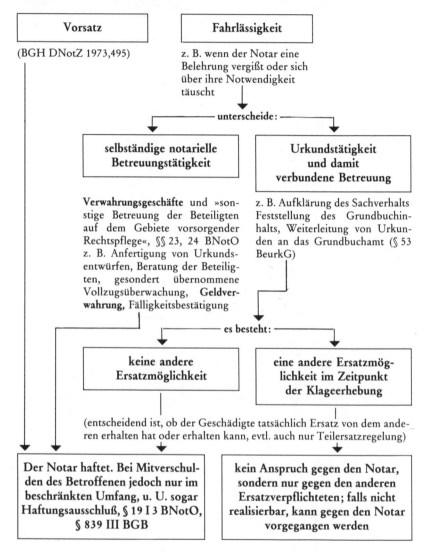

Vorsatz	Fahrlässigkeit

(BGH DNotZ 1973,495)

z. B. wenn der Notar eine Belehrung vergißt oder sich über ihre Notwendigkeit täuscht

unterscheide:

selbständige notarielle Betreuungstätigkeit	Urkundstätigkeit und damit verbundene Betreuung

Verwahrungsgeschäfte und »sonstige Betreuung der Beteiligten auf dem Gebiete vorsorgender Rechtspflege«, §§ 23, 24 BNotO z. B. Anfertigung von Urkundsentwürfen, Beratung der Beteiligten, gesondert übernommene Vollzugsüberwachung, **Geldverwahrung,** Fälligkeitsbestätigung

z. B. Aufklärung des Sachverhalts Feststellung des Grundbuchinhalts, Weiterleitung von Urkunden an das Grundbuchamt (§ 53 BeurkG)

es besteht:

keine andere Ersatzmöglichkeit	eine andere Ersatzmöglichkeit im Zeitpunkt der Klageerhebung

(entscheidend ist, ob der Geschädigte tatsächlich Ersatz von dem anderen erhalten hat oder erhalten kann, evtl. auch nur Teilersatzregelung)

Der Notar haftet. Bei Mitverschulden des Betroffenen jedoch nur im beschränkten Umfang, u. U. sogar Haftungsausschluß, § 19 I 3 BNotO, § 839 III BGB	**kein Anspruch gegen den Notar, sondern nur gegen den anderen Ersatzverpflichteten; falls nicht realisierbar, kann gegen den Notar vorgegangen werden**

(Quelle: Weingärtner, Notarrecht, Bundeseinheitliche Vorschriften)

Vorgesehene Neuregelung der notariellen Verwahrung

§ 54 a
Antrag auf Verwahrung

(1) Der Notar soll Geld zur Verwahrung nur entgegennehmen, wenn hierfür ein berechtigtes Sicherungsinteresse der am Verwahrungsgeschäft beteiligten Personen besteht.

(2) Der Notar soll vor der Annahme des Antrags prüfen, ob die Verwahrungsanweisung zum Vollzug der Verwahrung geeignet ist und dem Sicherungsinteresse der am Verwahrungsgeschäft beteiligten Personen genügt. Er soll Geld zur Verwahrung nur entgegennehmen, wenn hierzu ein Antrag auf Verwahrung verbunden mit einer Verwahrungsanweisung vorliegt, in der der Anweisende, der Empfangsberechtigte, die zeitlichen und sachlichen Bedingungen der Hinterlegung und die Auszahlungsvoraussetzungen bestimmt sein müssen.

(3) Verwahrungsanweisung und Widerruf sollen schriftlich erfolgen.

§ 54 b
Durchführung der Verwahrung

(1) Der Notar soll anvertraute Geldbeträge unverzüglich einem Sonderkonto des Notars für fremde Gelder (Notaranderkonto) zuführen. Der Notar ist zu einer bestimmten Art der Anlage nur bei einer entsprechenden Anweisung der Beteiligten verpflichtet.

(2) Das Notaranderkonto muß bei einem der deutschen Bankenaufsicht unterliegenden Kreditinstitut, der Deutschen Bundesbank oder der Deutschen Postbank eingerichtet sein. Die Anderkonten bei Kreditinstituten sollen in dem Amtsbereich des Notars oder den unmittelbar angrenzenden Amtsgerichtsbezirken eingerichtet werden, sofern in der Anweisung nicht ausdrücklich etwas anderes vorgesehen wird oder eine andere Handhabung sachlich geboten ist. Für jede Verwahrungsmasse soll ein gesondertes Anderkonto geführt werden.

(3) Über das Notaranderkonto kann nur der Notar persönlich oder sein amtlich bestellter Vertreter verfügen. Verfügungen sollen nur erfolgen, um Beträge unverzüglich dem Empfangsberechtigten oder einem von diesem schriftlich genannten Dritten zuzuführen; sie sind grundsätzlich in bargeldlosem Zahlungsverkehr durchzuführen, sofern nicht besondere berechtigte Interessen der Beteiligten die Auszahlung in bar oder mittels Scheck (Bar- oder Verrechnungsscheck) gebieten. Die

Gründe für eine Bar- oder Scheckauszahlung sind von dem Notar in den Auszahlungsbelegen zu vermerken. Verfügungen zugunsten von Privat- oder Geschäftskonten des Notars sind lediglich zur Bezahlung von Kostenforderungen unter Angabe des Verwendungszwecks zulässig. Die Landesregierungen oder die von ihnen bestimmten Stellen werden ermächtigt, durch Rechtsverordnung zu bestimmen, daß Verfügungen auch aufgrund entsprechender Vollmacht eines anderen Notars erfolgen dürfen.

(4) Eine Verwahrung soll nur dann über mehrere Anderkonten durchgeführt werden, wenn dies sachlich geboten ist und in der Anweisung ausdrücklich bestimmt ist.

(5) Schecks sollen unverzüglich eingelöst oder verrechnet werden, soweit sich aus den Anweisungen nichts anderes ergibt. Der Gegenwert ist nach den Abs. 2 und 3 zu behandeln.

§ 54 c
Widerruf

(1) Den Widerruf einer Anweisung soll der Notar beachten, soweit er dadurch Dritten gegenüber bestehende Amtspflichten nicht verletzt.

(2) Ist die Verwahrungsanweisung von mehreren Anweisenden erteilt, so ist der Widerruf darüber hinaus zu beachten, wenn er durch alle Anweisenden erfolgt.

(3) Erfolgt der Widerruf nach Abs. 2 nicht durch alle Anweisenden und wird er darauf gegründet, daß das mit der Verwahrung durchzuführende Rechtsverhältnis aufgehoben, unwirksam oder rückabzuwickeln ist, soll sich der Notar jeder Verfügung über das Verwahrungsgut enthalten. Der Widerruf wird jedoch unbeachtlich, wenn

a) eine übereinstimmende Anweisung vorliegt oder

b) der Widerrufende nicht innerhalb einer von dem Notar festzusetzenden angemessenen Frist dem Notar nachweist, daß ein gerichtliches Verfahren zur Herbeiführung einer übereinstimmenden Anweisung rechtshängig ist; oder

c) dem Notar nachgewiesen wird, daß die Rechtshängigkeit der nach b) eingeleiteten Verfahren entfallen ist.

(4) Die Anweisung kann von Abs. 2 und 3 abweichende oder ergänzende Regelungen enthalten.

(5) §§ 14 Abs. 2 und 15 Abs. 2 BNotO bleiben unberührt.

§ 54 d
Verwahrung von Wertpapieren
und Kostbarkeiten

(1) Die Regelungen in §§ 1 und 3 gelten sinngemäß für die Verwahrung von Wertpapieren und Kostbarkeiten.

(2) Der Notar ist berechtigt, Wertpapiere und Kostbarkeiten auch einer Bank in Verwahrung zu geben, und nicht verpflichtet, von ihm verwahrte Wertpapiere zu verwalten, soweit in der Hinterlegungsanweisung nichts anderes bestimmt ist.

3. Der jetzige 5. Abschnitt (»Schlußvorschriften«) wird neuer 6. Abschnitt.

Gesetzesregister

Stichwortverzeichnis

Die angegebenen Zahlen beziehen sich auf Randziffern im Buch.